V&R

Dietrich Stollberg

Liturgische Praxis

Kleines evangelisches Zeremoniale

Mit 10, zum Teil farbigen Abbildungen

Vandenhoeck & Ruprecht
in Göttingen

Die Deutsche Bibliothek – CIP-Einheitsaufnahme

Stollberg, Dietrich:
Liturgische Praxis: Kleines evangelisches
Zeremoniale / Dietrich Stollberg. –
Göttingen: Vandenhoeck und Ruprecht, 1993
ISBN 3-525-60386-X

Umschlagabbildung:
Hans Gottfried von Stockhausen,
Altarfenster. Das Leben Jesu und die Werke
der Barmherzigkeit (Ausschnitt)
Speyer/Rhein. Diakonissen-Mutterhaus, Kapelle. 1984

Gesetzt aus Sabon
Satz: Text & Form, Hannover
Druck und Bindearbeiten: Hubert & Co., Göttingen

»Der christliche Gottesdienst ist das Wichtigste, Dringlichste und Herrlichste, was auf Erden geschehen kann.«

Karl Barth*

* in: Gotteserkenntnis und Gottesdienst nach reformatorischer Lehre, Zollikon-Zürch 1938, 190.

Meinem Vater,
Kirchenmusikdirektor
Dr. phil. Oskar Stollberg,
zum 90. Geburtstag
am 18. Oktober 1993

Inhalt

Vorwort

Etwa seit der sogenannten anthropologischen Wende der Theologie sowie durch die Intensivierung zwischenkirchlicher Kontakte in der ökumenischen Bewegung hat auch wieder einmal eine Neubesinnung auf den evangelischen Gottesdienst eingesetzt. Nicht zuletzt wurde sie angeregt durch die Liturgie-Konstitution des Zweiten Vatikanums. Sie fand ihren Niederschlag im neuen Evangelischen Gesangbuch und in der Erneuerten Agende. Fundamentalliturgische Publikationen haben im deutschsprachigen Raum auch auf evangelischer Seite zugenommen, so daß wir neuerdings erfreulicherweise keinen Mangel an Lehrbüchern mehr konstatieren müssen[1]. Was aber fehlt, ist eine handfeste Anleitung für die Praxis: Nach welchen Spielregeln können, dürfen und sollen wir denn nun praktisch liturgieren? Die landeskirchlichen Agenden, auch die Erneuerte Agende, enthalten freilich Rubriken[2]. Diese zeichnen sich jedoch durch äußerste Zurückhaltung und große Scheu aus, konkret zu sagen, wie Pfarrerin und Pfarrer bzw. andere, die im Altarraum mitarbeiten, sich denn nun tatsächlich verhalten sollen[3]. Jeder Eindruck eines hierarchisch-autoritären Rubrizismus', mittlerweile auch den katholischen Kollegen ein Greuel, soll vermieden werden. Rubrizismus kann selbstverständlich nicht die Absicht eines »Kleinen evangelischen Zeremoniale« sein, wie es hier vorgelegt wird. Es geht vielmehr darum, in den »Kirchen des Wortes« den Sinn für ganzheitlichen Ausdruck des Glaubens zuzulassen und zu fördern. Das geschieht weniger in volksmissionarischem Interesse, etwa um unsere leeren Kirchen zu füllen – es war zu allen Zeiten so, daß die Menge nur zu besonderen Festtagen (etwa des Passah) »in den Tempel« ging[4] –, sondern aus »Freude am Gottesdienst«[5] und im Interesse einer inkarnatorisch-chalzedonensischen Theologie, die gestalthaften Ausdruck finden will.

Evangelische Freiheit und kultische Form schließen einander nicht aus, sondern machen ein unbeschwertes und zweckfreies Spiel vor Gott erst möglich[6]. Alles Leben, auch sein gottesdienstlicher Ausdruck, vollzieht sich im Takt von Auf und Ab, Ausdehnung und Zusammenziehen, Distanz und Nähe, Dunkel und Licht. Um diesen Rhythmus des Frommseins, wie er sich einerseits im Kirchenjahr, andererseits aber in allen anderen religiösen Ausdrucksformen einschließlich des kultischen Tanzes[7] ausdrückt, soll es im folgenden gehen. Freilich, wir können nicht sofort und quasi ins Blaue hinein kreativ zu liturgieren beginnen, wir brauchen eine Ausgangsposition und wählen dazu die herkömmlichen Rubriken. »Anstand vor Gott« will gelernt sein, »Anstand vor der Gemeinde« nicht minder.

Das Büchlein ist daher als *einführende* Ausbildungs- und Praxishilfe gedacht[8]. Zugleich ist es ein kleiner Beitrag zur Hochschuldidaktik[9]. Es erhebt keinen großen akademischen Anspruch. Der Stil ist deshalb teils reflektierend, teils erzählend und manchmal fast rubrizistisch, je nachdem, wie es am zweckmäßigsten erschien, ausgefallen.

Zu danken habe ich Herrn Dr. Wolfgang Schulz, der die Niederschrift dieses Büchleins angeregt und die Publikation verlegerisch betreut, Frau Doris Hesse, die das Manuskript geschrieben, Herrn Pfarrer Friedrich Dickmann, der Schwarz-weiß-Aufnahmen, gemacht von F. Unkel, beigesteuert und meiner Tochter Heidrun, die die übrigen Fotos erstellt hat. Die Puppe mit der zugehörigen Aufnahme auf S. 90 wurde mir von cand. theol. Claudia Zabel und cand. theol. Marco Beuermann zum Ende eines der beschriebenen Seminare geschenkt. Mein Dank gilt schließlich auch ZelebrantInnen und MinistrantInnen der Universitätskirche Marburg, die sich geduldig fotografieren ließen, sowie meinen Studierenden und ungenannten Helferinnen und Helfern.

Marburg, 28. August 1993 Dietrich Stollberg

Schwabacher Stadtkirche:
Blick in den Chorraum

I.
Voraussetzungen

»Gottes Geheimnisse begreift man nicht,
man betet sie an.«
Wilhelm von Humboldt

Bei all meiner theologischen Arbeit blickt mein inneres Auge stets in den hellen hohen Chor der Kirche meiner Heimatstadt Schwabach. Diese Stadt, in der auch die Schwabacher Artikel als eine der Vorstufen der Confessio Augustana entstanden sind, wurde mit ihrem Markgrafen von Ansbach-Bayreuth bereits zu Beginn der Reformation lutherisch. In der Stadtkirche St.Johannes – St.Martin (geweiht 1495, vollendet erst nach der Reformation) haben der Vater meines Urgroßvaters, mein Urgroßvater, mein Großvater und mein Vater Dienst getan, bin ich getauft und konfirmiert worden, habe ich als Chorschüler und später als Bassist im Kirchenchor regelmäßig gesungen, als Bläser im Posaunenchor mitgewirkt, als kleiner Junge meinem Vater stolz an der Orgel registriert und später gelegentlich als Pfarrer amtiert. Was sah ich in dieser Kirche, die mich so stark geprägt hat?

Ich sah den gewaltigen Hochaltar von Michael Wolgemut und seinen Schülern: Auf der Basis des eucharistischen Glaubens der Kirche, dargestellt als Einsetzung des Abendmahls in der Predella, die Krönung Mariens durch den gekrönten Sohn mit den Namenspatronen der Kirche (Johannes und Martin), umrahmt von heilsgeschichtlichen Stationen des Lebens Jesu, dominiert im bis zum Chorgewölbe reichenden Gesprenge von Christus als dem Weltenrichter auf dem Regenbogen, über ihm in der Spitze die »Hl. Anna selbdritt« (Mutter Mariens mit dieser und dem Kind). Die zwei Flügelpaare dieses die Kirche ganz und gar beherrschenden Altars werden in der Advents- und Passionszeit jeweils geschlossen. Man sieht dann die Johannes- oder die Passionserzählungen. Vor diesem Altar, weit näher an der Gemeinde und vor der Stufe, die einstmals die Chorschranke getragen hat, steht der sogenannte Speisaltar, Zeichen reformatorischer Liturgiereform, wie sie in der zweiten Hälfte unseres Jahrhunderts von der Liturgiekonstitution des Zweiten Vatikanums aufgenommen wurde. Den Speisaltar beherrscht ein meterhoher spätgotischer Kruzifix. An diesem Kreuz kann keiner vorbeisehen oder -gehen, der zum goldenen Schrein der Offenbarung gelangen will. Die etwa brusthohen Gittertüren des Speisaltars können geschlossen werden. An ihnen wurde das Sakrament des Altars in beiderlei Gestalt gereicht, weshalb diese Gitter, die den Altar nach vorne und nach der Seite hin einrahmen, auch »Speisgitter« heißen. Wenn sie geschlossen sind, kann man übrigens nur stehend kommunizieren. Links vom Speisaltar, ebenfalls noch vor dem eigentlichen Chorraum, steht ein wiederum bis ins Gewölbe reichendes gotisches »Sakramentshäuschen«, das Tabernakel aus der Schule Adam Krafts, das auch nach Einführung der Reformation noch benutzt wurde und sinnvollerweise als symbolischer Wohnort des Leibes Christi ebenfalls im Kirchenschiff, das der Gemeinde »gehört«, seinen Platz hat, aber zugleich bis an den Himmel reicht und genau an der Stelle steht, die den Übergang zum Raum des Hochaltars und früher auch des Klerus bezeichnet. Ihm gegenüber befindet sich die Tür zur Sakristei, aus der die Prediger des Wortes kamen (und auch heute noch kommen); in allernächster Nähe rechts daher auch die Kanzel; vor dem Sakramentshäuschen der Taufstein, zwischen ihm und dem Speisaltar das Evangelienpult. Eine Seitenkapelle mit Annen-Altar links, ein, heute noch gedeckter, Marienaltar rechts, eine Reihe weiterer Seitenaltäre und an der Westfront Orgel- und Chorempore als Symbol der antwortenden und lobpreisenden Gemeinde gehören zu den bleibenden Eindrücken dieser Kirche. Selbstverständlich hat sie einen Mittelgang vom Westportal zum Speisaltar, dem Symbol des Opfers Christi, an welchem keiner vorbeikommt, eine heilige Straße, die sich übrigens nach außen noch fortsetzt und aus dem Portal durch Kolonnaden des mittelalterlichen Rathauses bis auf den Marktplatz und in gedachter Verlängerung bis zum Schloß der Markgrafen in Ansbach bzw. den Kirchen jener Stadt führt. Kein Bildersturm, statt dessen evangelische Liturgie, die räumlich und ästhetisch Gestalt geworden ist und zu mir gesprochen hat, lange bevor ich das theologische Raumprogramm begriff. In dieser Kirche, und darum erzähle ich so ausführlich davon, kann man evangelischen Glauben *sehen* und man kann sehen, was evangelischer Gottesdienst seit seinen Ursprüngen, jedenfalls im lutherischen Sinne, bedeutet, ja auch, wie er gefeiert werden soll und darf.

In der geschilderten Kirche wirken schwarze Talare beinahe peinlich und Predigtgottesdienste ohne Sakrament wie eine Exegese ohne Theologie oder der Entwurf eines Gemäldes ohne Farben. Der Raum ruft förmlich nach einer »Rechtfertigung des Körpers«[1].

Ich habe diesen biographisch-narrativen Einstieg aber nicht nur deshalb gewählt, sondern auch, weil meine persönliche Erfahrung bestätigt, was Karl-Fritz Daiber so formuliert: »Der erste Schritt im Blick auf den Umgang mit den Ritualen ist das Mitmachen, das Nachahmen, das einfache Dabeisein und dann das Immer-wieder-Dabeisein. Auf die Einführung in die Geheimnisse des Glaubens und seiner Symbole kann nicht verzichtet werden, aber sie kann die Praxis im Umgang mit den Ritualen nicht ersetzen. Sie geht dieser Praxis nicht voraus, sondern geht dem nach. Dies hat entscheidende Bedeutung für die religiöse Sozialisation der Kinder. Im Grunde müßten sie mit dem Gottesdienst aufwachsen, von Anfang an ... Der Gottesdienst, in dem Kinder Raum haben, ist elementar notwendig für die Vermittlung christlichen Glaubens.«[2] Daiber meint eben nicht, daß die Kinder im Gottesdienst mit, selbstverständlich kindgemäßen, theologischen Informationen bekanntgemacht werden sollten, etwa durch einen kognitiv orientierten Unterricht oder durch Predigt, sondern er ist der Auffassung, die Kinder müßten von Anfang an in den rituellen Kontext des Christseins, in den Struktur gewordenen Glauben, das liturgisch vollzogene Symbolsystem des Mythos, hineinwachsen, um den Sinn dieses Sprachspiels begreifen zu lernen. Das ist ein entscheidender Unterschied, der auch für die theologische Ausbildung erhebliche Relevanz besitzt: Theologie studieren durch und im liturgischen Vollzug – ein Konzept, das im deutschsprachigen Protestantismus, anders als z.B. bei den Anglikanern, noch kaum realisiert wird[3].

Die anthropologische Wende der Theologie in den 60er Jahren[4] half uns, den Kontakt zur liberalen und zur lutherischen Theologie mit ihren Einsichten wiederzugewinnen – in der Praktischen Theologie vor allem repräsentiert durch Friedrich Niebergall, später aber auch durch Wilhelm Stählin, Paul Tillich und andere. Die Pastoralpsychologie lehrte uns seit Oskar Pfister, die Kategorie der konkreten Situation ernst zu nehmen, die von Vergangenheit und Zukunft, Erinnerung und Hoffnung, bestimmt ist, und Sinn für das Thema »Symbol und Ritual«[5] zu entwickeln. Werner Jetter hat diesbezüglich in der deutschsprachigen evangelischen Liturgik der zweiten Hälfte dieses Jahrhunderts einen Markstein gesetzt[6], Manfred Josuttis auf unkonventionelle Weise den Gottesdienst neu erklärt[7]. In der Praxis begann etwas Neues mit der Liturgischen Nacht auf dem Düsseldorfer Kirchentag 1973[8] und dem Politischen Nachtgebet in Köln[9], nicht ohne den Einfluß aufgeschlossener katholischer Theologen wie A. Ronald Sequeira[10] und Fulbert Steffensky[11]. Die katholische Seite konnte anknüpfen an die epochalen Impulse von Romano Guardini[12] und Odo Casel[13], aber auch von Hans Urs von Balthasar, Hugo Rahner, Josef Pieper und anderen[14].

Worauf lief diese Entwicklung hinaus? Auf eine »Wiederentdeckung des Leibes«, der Ganzheitlichkeit menschlichen Verhaltens und Glaubens und der Sinne als theologisch relevanten menschlichen Bedingungen. Damit erhielt aber auch die sogenannte Volksfrömmigkeit einen neuen alten Stellenwert. Denn sie ist Frömmigkeit körperlichen Ausdrucks, stets sinnlich-konkret und selten fundamentalistisch, solange sie nicht auf den Literalsinn von »Wahrheiten« hingelenkt und festgelegt wird. Die Volkskirche steht und fällt mit der Volksfrömmigkeit. Volksfrömmigkeit aber ist liturgische Frömmigkeit. Als solche ist sie keineswegs un- oder vortheologisch, aber ganz und gar symbolisch-darstellender Natur[15], narrativ und dynamisch, eidetisch und akustisch-musikalisch, mythisch und ästhetisch[16], situativ und geschichtlich-konkret. Ihre Sprache ist die des ganzen Körpers, ihr Ausgangs- wie ihr Endpunkt »Eigenleibgewißheit«[17]. Volksfrömmigkeit ist freilich praktizierte »Religion« – ein Wort, das sofort die Anwälte prophetisch-protestantischer Religions- und Kultkritik auf den Plan ruft. Diese Auseinandersetzung – für und gegen den religiösen Charakter auch des christlichen Glaubens und seiner Ausdrucksformen – kann hier nicht geführt werden.

Ich gehe aber von folgendem aus:

– Menschliche Frömmigkeit hat keine andere Möglichkeit sich auszudrücken als die »religiöse«.

– Gewinnt christlicher Glaube konkrete Gestalt, wird auch er zur Religion.

– Jede Religion findet ihren Ausdruck im Gottesdienst, so auch die christliche.

– Gottesdienst bedeutet Darstellung menschlichen Transzendierens von Alltagswirklichkeit bzw. Transzendieren digital artikulierbarer Realitätswahrnehmung durch analoge Darstellungsformen, auch Symbolisierung genannt[18].

– Es handelt sich vor allem um »präsentative Symbole« im Unterschied zu Zeichen und Klischees[19].

– Wir können auch sagen, Liturgie stelle mit irdischen Mitteln das auf die überirdische Realität bezogene Credo dar, das »Ewige im Heute«. Das selbst nicht Beobachtbare, sondern nur zu Glaubende findet seinen Ausdruck mit und im Beobachtbaren.

– Das Gegenüber von »sakral« und »profan«, Sonntag und Werktag, Kult und Arbeit bedeutet keinen Gegensatz von Nichtwelt und Welt, sondern ist weltimmanent. Der

Glaube und seine Manifestationen sind ein immanentes Phänomen.

– Freude am Kult kann daher nicht als Weltflucht interpretiert und in einen Gegensatz zur christlichen Ethik gebracht werden, sondern sie ist Freude an der Welt und an der religiösen Deutung von Welt.

– So entsteht durch besondere menschliche Bedeutungs-Zuschreibungen (Interpretationen) ein Unterschied zwischen profaner und sakraler Sphäre, den wir »doxologische Differenz« nennen, welche auch den Unterschied zwischen Schöpfer und Geschöpfen einschließt und das fundamentale Kennzeichen von Religion darstellt.

– So wird z.B. aus einem normalen Trinkgefäß der »Kelch des Heils« und aus üblichem Brot das »Brot des Lebens«. So wird aber auch aus hörbarem Menschenwort das eigentlich nicht hörbare »Wort Gottes«.

– Diese Darstellungsformen schließen einen zwischenmenschlichen Interaktionszusammenhang ein, sind also keineswegs zeitlose und ein für allemal feststehende »Vokabeln« der Symbolik, sondern situationsbezogen und situationsabhängig, d.h. historischer Natur.

– Man nennt sie Rituale, Verhaltensabläufe, die sich in und für bestimmte Situationen als angemessen erwiesen und, zunächst unbewußt, zu Verhaltensregeln entwickelt haben.

– Als solche sind sie teilweise sogar genetisch verankert. Sie sind sozial orientiert, methodisch reflektierbar und praktisch manipulierbar.

– Bewußt gestaltete Rituale nennt man Ritus bzw. Riten.

– Teile eines Ritus nennt man Zeremonien[20].

– Die Wissenschaft, die sich speziell mit dem menschlichen Ausdrucksverhalten und dem daraus resultierenden Ausdruck befaßt, heißt »Ästhetik«. Sie ist für die Theologie überhaupt, für die Liturgik aber sowieso ein wichtiger, wenn nicht der wichtigste Gesprächspartner[21]. In ihr Gefolge gehören alle Kunstwissenschaften einschließlich der Poetik.

– Denn Frömmigkeit ist eine poetische Grundfunktion der Menschen. Durch sie realisieren sie staunend das Heilige, vor dem sie erschrecken, das sie lieben und dem sie in Ehr-Furcht gegenübertreten[22].

– Einheit und Gegenüber, Zusammengehörigkeit und prinzipielle Getrenntheit profaner und sakraler Sphären, des Alltags und des Sonntags, des Schöpfers und seiner Schöpfung, Gottes und der Menschen – diese Spannung macht Religion aus und wird liturgisch dargestellt.

– Das geschieht kollektiv (wir, das »Volk Gottes«) und individuell (ich, Angehörige[r] eines »Volkes von Priestern«), repräsentativ (Protagonisten des Kultdramas) und subjektiv (einzelne Gläubige im Alltag, den sie aus ihrer Frömmigkeit heraus gestalten: Luthers doppelter Gottesdienstbegriff[23]).

– Sowohl auf der repräsentativen als auch auf der subjektiven Ebene lassen sich verschiedene Frömmigkeitsstile beobachten, die sich u.a. aus den menschlichen Charakterstrukturen[24] ergeben und uns auf die unabdingbare Notwendigkeit verständnisvoller Toleranz gegenüber verschiedenen Stilen auch des Ausdrucks von Frömmigkeit verweisen (z.B. gegenüber sogenanntem Kitsch)[25].

– Verweist uns die psychologische Perspektive u.a. auf die Frömmigkeitsstile, so die soziologische auf Rollen und Funktionen: Wie alles menschliche Verhalten geschieht Gottesdienst mit Hilfe genetisch und sozial vermittelter Rollen und Funktionen.

– Auch die arbeitsteilige Professionalisierung gehört in diesen Zusammenhang und mit ihr das Ensemble liturgischer Rollen und Aufgaben.

– Dadurch entsteht das Gegenüber von Klerus und Laien, das einerseits ein Gegenüber von Experten und Dilettanten oder auch einfach von Protagonisten und Gesamtheit der Agierenden, andererseits ein Gegenüber von heiliger und profaner Sphäre darstellt.

– In diesem Gegenüber von Zelebranten und »Gemeinde«[26] begegnen wir der Aufteilung u.a. folgender *Rollen und Funktionen der Darstellung des Glaubens:*

1. Volk Gottes, dargestellt durch die sogenannte Gemeinde, KirchenvorsteherInnen, VorbeterInnen und VorsängerInnen (KantorIn), aber auch KüsterIn und MinistrantInnen.

2. Die eindrucksvollste Repräsentanz des Gottesvolkes stellen zweifellos Chor, Orchester und Schola, unter Leitung von KantorIn und OrganistIn dar.

3. RepräsentantInnen dieses Volkes und zugleich (!)[27] als besonders beauftragte DienerInnen Gottes auch Gegenüber dieses Volkes im Sinne einer Mittlerfunktion, die freilich nicht amtstheologisch und hierarchisch mißverstanden werden darf, sind Pfarrerin und Pfarrer als LiturgInnen und PredigerInnen.

4. Die Funktionen von Empfangen (Hören, Sehen, Schmecken und Riechen, Tasten) und Geben (Opfer) werden in der Regel dargestellt durch die LiturgInnen und die ganze Gemeinde.

5. Aus der Gesamtgemeinde ausgegliederte und unter die RepräsentantInnen aufgeteilte Funktionen sind ferner die Aufgaben des Altardienstes, dargestellt durch die AltardienerInnen. Im Vordergrund der Darstellung stehen Geben und Nehmen, der Dank an Gott für seine Gaben, die Bitte um weitere Gaben (z.B. das tägliche Brot oder Hilfe in Not) und die Austeilung der Gaben Gottes, symbolisiert in Brot und Wein. Zu den AltardienerInnen rechnen wir auch die HelferInnen beim Lesen der heiligen Texte und Vorbereiten bzw. Austeilen der heiligen Gaben, in der Sprache der Tradition also DiakonInnen, LektorInnen und MinistrantInnen. Sie stellen zugleich die Tatsache dar, daß die Gemeinde und nicht die PfarrerInnen, die als professionelle Gemeindeglieder leicht mißdeutet werden, insgesamt Gottesdienst feiert.

6. Der Kanzeldienst und der Dienst am Ambo (Lesepult) werden in der Regel dargestellt durch PredigerIn und LektorIn. Im Vordergrund der Darstellung steht das Wort Gottes. Die Gemeinde repräsentiert die hörend empfangende Menschheit[28].

7. Der Dienst des Gebetes wird dargestellt durch die AltardienerInnen und die Gemeinde selbst (z.B. im Vaterunser), oftmals auch im Wechsel.

8. Der Dienst des Segens und des Segnens wird dargestellt durch die LiturgInnen und gelegentlich alle Gemeindeglieder (die dann einander gegenseitig segnen oder ein »Zeichen des Friedens« geben).

9. Bei der Darstellung dieser und weiterer Funktionen bedienen sich die Beteiligten vorgeprägter Rollen der Tradition. Diese Rollen enthalten nicht nur statische Bilder z.B. vom Priester oder Propheten, aber auch vom Hilfesuchenden oder Dankbarkeit empfindenden opfernden Menschen, der sich dem »Herrn der Heerscharen« demütig nähert, sondern symbolische Interaktionsmuster, also Verhaltensabläufe dynamischer Art.

10. Ihrem Ausdruck dienen daher am, selbst als Darstellung zu begreifenden, heiligen Ort einerseits rollentypische Gewänder und Sprachformeln, aber auch ganze Bildprogramme[29] und Musik – vor allem der liturgische Gesang[30] – andererseits Gebärden und Bewegungen. Letzteren gilt das besondere Interesse dieses Büchleins.

– Der Ablauf des christlichen Kultdramas, seine Rollen und Funktionen sind festgehalten in der *Agende.* Sie ist als Choreographie zu lesen. Denn Liturgie will getanzt werden – und zwar nicht im wörtlichen Sinne so, daß einer im schwarzen oder weißen Talar vor dem Altar herumhüpfte und mit den Gemeindegliedern schunkelte (wie ich es tatsächlich gesehen habe), sondern so, daß der Tanz die Grundkategorie der Wahrnehmungseinstellung und Ausdruckshaltung ist, aus der heraus geschwiegen und gehört, gesungen und gebetet, gelesen und gepredigt, gegessen und getrunken, gehandelt und gewandelt wird.

– Bei all dem geht es immer wieder um Stil und Stimmigkeit, um das Verhältnis von Form und Inhalt – ein ästhetisches Grundproblem, das in der evangelischen Theologie leider oft einseitig zugunsten des Inhalts aufgelöst wird. Dabei übersieht man, daß die Form selbst Struktur gewordener Inhalt und der Inhalt Ausdruck bestimmter Formgesetze (und damit Kommunikationsregeln bzw. Symbolisierungsprozesse) ist. Deshalb dürfen auch Predigt und Gottesdienst oder Kerygma und Liturgie nicht gegeneinander ausgespielt werden.

– Was nun die »Inhalte« angeht, so sind auch sie von ihrer Symbolisierungsfunktion her zu bestimmen und damit relativ. Jede andere Sicht, die etwa den Literalsinn für die Sache von Theologie und Frömmigkeit selbst hält, neigt zum Fundamentalismus[31].

– Schließlich: Religion mag allerlei anthropologisch und theologisch zu erhebende Zwecke haben, z.B. psychohygienische und den Menschen befreiende, aber der Glaube selbst »weiß«, daß er sein »Anliegen« durch Zweckrationalität zerstört[32].

– Die Darstellung des Glaubens ist daher oft als Feier und zweckfreies Spiel[33] beschrieben worden, das als moralische Erziehungs-, Vortrags- oder Missionsveranstaltung gründlich mißverstanden wäre. Die Gemeinde, die Eucharistie feiert, ist bereits missioniert. Sie feiert ihren Glauben und zelebriert ihre religiöse Identität.

– Jeglicher Homiletisierung der Liturgie wird also eine Absage erteilt. Gerade darin liegt ihr antiideologischer Charakter, der freilich in bestimmten politischen Situationen, etwa unter einer Diktatur, auch entschlossen in der Predigt zum Ausdruck kommen muß.

– Gottesdienst ist prinzipiell weder Lehre noch Seelsorge, sondern Doxologie, auch wenn diese lehrhafte und seelsorgerische Funktionen haben mag.

– Doxologie, ob sie nun im neunfachen Kyrie oder gar in einer Litanei, im Rosenkranz-Beten, im Credo oder in einem Choral, im eucharistischen Hochgebet oder im Segen und selbstverständlich in den Sakramenten ihren Ausdruck findet, bedeutet praktisch eine spirituelle Übung. Man muß sie tun, und man muß sie zweckfrei tun. »Der Weg in das Leben« ist zielfrei. Das Leben, in das der Weg führt, ist auch sein Ausgangspunkt und tragender Grund. Der Weg ist das Ziel, das Ziel ist der Weg[34].

– Deshalb rücken Information und Problembewältigung an den Rand, Anbetung und Segen aber ins Zentrum der Feier des Glaubens.

Zusammenfassung

Unter »Liturgie« verstehen wir den ganzen Gottesdienst als Feier der christlichen Gemeinde[35]. In ihr stellt sie ihr transzendentales Selbst- und Weltverständnis (ihren »Glauben«) in repräsentativen Rollen und Funktionen, symbolischen Interaktionen und Zeichen dramatisch dar. Der Charakter des Gottesdienstes ist primär weder helfender noch lehrender, sondern anbetender (doxologischer) Art. Gottesdienst ist Poesie des Heiligen.

II.
Ein liturgisches Seminar macht Erfahrungen

Wie es wenig Sinn hat, SchauspielerInnen ihre Bewegungen für ein bestimmtes Stück vorzuschreiben, ohne daß sie ihre eigene Körperlichkeit und ihren persönlichen Ausdrucksstil einbringen dürfen, so hat es auch wenig Sinn, LiturgInnen legalistisch und formalistisch auf ein bestimmtes Verhalten einzuschwören. Es zeugt aber auch nicht von Sachverstand, sie einfach machen zu lassen, was sie wollen, bzw. ihr Verhalten dem Unbewußten zu überlassen und es mit Gleichgültigkeit zu beantworten. Moderne ChoreographInnen achten deshalb darauf, daß ihre eigene Konzeption und das Ausdrucksverhalten bzw. die Körpersprache der DarstellerInnen konvergieren – und dieses nicht etwa gezwungenermaßen, sondern aus Einsicht.[1] Diese kann nicht eine Einsicht in die Richtigkeit fremder Auffassungen sein, sondern nur im gleichberechtigten Dialog aller Beteiligten und aufgrund gemeinsamen Ausprobierens gewonnen werden. Das ist auch der Grundsatz liturgischer und homiletischer Seminare, die ich an der Philipps-Universität anbiete und von denen hier der Einfachheit halber wie von einem einzigen die Rede sein wird. Ich werde also Erfahrungen verschiedener Seminare zusammenziehen.

Raum

Der Unterschied von Seminar- und Kirchenraum ist eklatant, trotzdem aber einigen der TeilnehmerInnen nicht klar. Wir müssen darüber sprechen, und wir müssen unmittelbar hintereinander die Wahrnehmung des Seminarraums und der Universitätskirche üben. Ist eine Kirche nicht ein Versammlungsraum wie jeder Hörsaal auch? Einerseits ja, andererseits natürlich nicht, auch wenn der schwarze Gelehrtentalar, den man früher im Hörsaal trug und der seit 1811 zum liturgischen Gewand aller evangelischen und jüdischen Geistlichen in preußischen Landen wurde, solches nicht zufällig nahelegt. Nicht jedes Gewand paßt zu jedem Raum: Sportkleidung nicht ins Opernhaus, Alba, Stola und Casel nicht ins Vereinshaus, Frack und Smoking nicht an den Altar. Sinn für die Situation macht den Sinn für Stil aus. Es geht um Proportionen und Relationen. Zur geglückten Kommunikation gehört die Wahrnehmung von Raum und Situation, Stil und Relation. Wir gehen zwischen Seminarraum und Kirche hin und her und beobachten das Zustandekommen der Veränderung unserer Wahrnehmung beim Hin-und-her-Gehen, beim Ortswechsel. Ortswechsel sind keine Nebensache. Wer den Ort wechselt, wechselt die Perspektive.

Sitzen

In den Seminarraum zurückgekehrt, setzen wir uns in einen Kreis. Es ist kein Zufall, wer da neben wem und wem gegenüber, in welcher Körperhaltung usw., sitzt. Wir machen einander bekannt. Wir sprechen über gemeinsame und unterschiedliche Interessen, über Seminarziel und -weg.

Laßt uns gleich anfangen! Zunächst geht es um Körperwahrnehmung. Bleibt so sitzen, wie ihr gerade sitzt! Was nehmt ihr wahr, nicht an anderen, sondern an euch selbst, an euren Füßen und Beinen, in Becken und Gesäß, im Bauch und im Rücken, in den Schultern, im Nacken und in den Armen; wie fühlen sich eure Hände an, und was ist mit dem Kopf? Die Beobachtungen, die ausgetauscht werden, wollen kein Ende nehmen. Vor allem wird viel über Verspannungen und Entspannung berichtet.

Stehen

Wir stehen wieder auf. Wie geht es euch jetzt? Allgemeines Aufatmen. Man fühlt sich freier, bekommt besser Luft. Einzelne setzen sich wieder hin, Stehen sei unbequem und in diesem Raum auch nicht gewohnt. Wir stehen auf und setzen uns abwechselnd, wir vergleichen unsere eigenen unterschiedlichen Empfindungen.

Körpersprache

Erst jetzt versuchen wir, uns gegenseitig zu beobachten, zunächst paarweise, weil das Probieren vor der ganzen Gruppe einigen schwerfällt. Trotzdem versuchen es einige bereits vor der ganzen Gruppe. Manch einer schwankt beim Aufstehen oder Gehen, andere reden plötzlich aus Verlegenheit und geben Erklärungen ab oder machen Witze. Wir versuchen, Körpersprache zu lesen: Was sagt mir das, wie du jetzt dasitzt? Was sagt dir das, wenn ich es dir einmal spiegelbildlich vormache? Empfinden das alle gleich? Lesen andere anderes heraus? Welche Gefühle löst diese oder jene Pose bei uns aus?

Jetzt achten wir auf unseren Stand, gelegentlich auch auf die dazugehörigen Wörter, hier z.B.: mein »Stand«, »Standesbewußtsein«, »Beruf und Stand«, in der Gesellschaft, in dieser Gruppe. Drückt sich etwas davon aus in der Art, wie ich stehe und wo ich stehe? Also, wo stehe ich? Wie stehe ich da? Das Gefühl in den Füßen und im Becken, wie fühlt sich die Verbindung zwischen beiden an? Spüre ich Wirbelsäule, Kopf und Nacken? Wir lassen es in uns atmen und »schauen« zu, solange es uns Spaß macht. Für einige ist das ungewohnt, ja beängstigend; sie dürfen selbstverständlich aufhören. Sucht euch eine angenehme Stellung, in der ihr euch wohlfühlt! In der Regel ist das keine »schlampige«

Haltung (mit übereinandergeschlagenen Beinen, mit Händen in den Hosentaschen an die Wand gelehnt o.ä.), aber auch keine steife und verkrampfte (wie ein Zinnsoldat), sondern eine natürlich und dabei durchaus »würdig« wirkende, mit der man/frau ohne weiteres auch vor dem Altar stehen könnte.

Achtet auf Stimmigkeit: Nicht, was vorgeschrieben ist, stimmt, sondern, was deinen Atem fließen und dich dich selber besser fühlen läßt, was die Durchblutung z.B. in kalten Füßen fördert und was dich zur Ruhe kommen läßt. Und nicht was in den Rubriken steht, überzeugt, sondern was du als deinen Ausdruck zu zeigen vermagst, wie du authentisch Körper bist, wenn du dich möglichst wenig verkrampfst. Dein Körper spricht die Wahrheit. Laß' ihn machen und lern' ihn kennen! (Zugegeben, das ist nicht ganz einfach, weil wir alle in einer verschulten Gesellschaft von klein auf das Stillsitzen gelernt haben und uns permanent verbiegen mußten.)

Liegen

Während wir noch herumstehen, auf den Füßen wippen und andere Experimente machen, finden einige unsere »Stehprobe« anstrengend und legen sich flach (wir haben den einzigen Hörsaal mit Teppichboden), ein Signal auch für uns andere, das Liegen wahrzunehmen, es ist jetzt »dran«. Viele assoziieren Erholung, Ruhe, Entspannung und Bequemlichkeit, ja Sexualität, einige empfinden aber auch Härte, Hilflosigkeit und Ausgeliefertsein. Wir versuchen, auf dem Bauch zu liegen, die Hilflosigkeit wird größer: »Falls mich jetzt einer treten will, sehe ich nicht einmal, wenn er auf mich zukommt. Ich brauche Vertrauen.« Andere finden es bequem. Ich schlage vor, die Arme nach oben zu nehmen und die sogenannte Prostration, eine uralte Unterwerfungs-, Gebets- und Verehrungsgeste, auszuprobieren. Die meisten halten es in dieser Position nicht lange aus, aber einige »könnten immer so bleiben«; einer schläft doch tatsächlich ein. Der Gegensatz zum Stehen wird als kraß empfunden: »Wenn ich stehe, komme ich mir erwachsener vor.« »Wenn ich dir gegenüberstehe, dann sind wir Partner und können auch streiten; im Liegen können wir nur schmusen,« meint jemand und kennzeichnet so die regressive Tendenz, die im Liegen, jedenfalls auch, zum Ausdruck kommt. Ein anderer meint: »Was? Ich hätte am liebsten um Hilfe gerufen.« Und eine Studentin spürt die Tendenz, »aufzuspringen und ein Kämpfchen zu beginnen«, alles Reaktionen, um dem Sog der Regression zu entkommen[2]. Wir wechseln erst langsam, dann schneller zwischen Liegen, Sitzen und Stehen ab, um diese Positionen von »innen« und von »außen« zu vergleichen: Wie fühle ich mich wo und wann? Was sehe ich an dir in welcher Situation, und wie wirkst du auf mich?

Sinneseindrücke

Wir vergleichen erneut: Probiert doch einmal aus, von den mitgebrachten Äpfeln liegend, sitzend und stehend zu essen! Den einen schmeckt es im Sitzen am besten – ob das an der Gewohnheit liegt? – andere finden: »Im Stehen rutscht es besser.« Und während einer im Liegen genüßlich schmatzt, konstatiert eine andere: »Im Liegen kriege ich gar nichts runter.« (Wir haben die Äpfel übrigens auch berochen, ihre Formen und Farben betrachtet.) Dann füttern wir einander Apfelschnitze und vergleichen das Selberessen mit dem Gefüttertwerden. Assoziationen an die Paradiesesgeschichte einerseits, das Abendmahl andererseits werden laut. Eine Debatte über die angeblich »bessere« Aktivität mündiger Menschen und Christen und »schlechtere« Passivität angeblich obrigkeitshöriger Untertanen entbrennt. Auch hier wieder entdecken wir den Begriff der Situation als »Zauberwort«: *Beides* kann schön sein. Die meisten geben dann auch zu, daß es ganz schön war, sich füttern zu lassen, einige erzählen von Ängsten beim Füttern: »Ich dachte dauernd, ich lasse den Schnitz fallen.« »Ich verspürte plötzlich einen seltsamen Impuls, dir einen reinzuwürgen.« Wir nehmen uns ein paar Minuten Zeit, um diese Erfahrungen, sehr vorläufig und nur ansatzweise, tiefenpsychologisch zu verorten.

Immer wieder entsteht die Neigung, diese oder jene Erfahrung zu bewerten. Stehen sei »besser«, Liegen »schlechter« usw. Dagegen ziehe ich energisch zu Felde: Wieso besser oder schlechter? Was sagt dein eigener Körper zu diesen Wertungen? Probier's aus!

Gehen

Das Seminar hat sich erneut getroffen. Wir wollen heute auf das Gehen achten. Also: Geht noch einmal hinaus, kommt einzeln in den Raum herein, nehmt diesen wahr, wie ihr ihn betretet. Die einen kommen langsam hereingeschritten, andere stürmen auf »ihren« Platz, wieder andere schleichen sich herein usw. Da ist viel zu beobachten und auszutauschen. Wir gehen hintereinander im Kreis herum. Einer beginnt zu zählen, andere finden das »blöd« und verwandeln das Zählen in Klatschen, Rhythmus wird offenbar als sinnvoll und hilfreich empfunden, die Gruppe beginnt zu marschieren. Jemand schreit »Halt!«, und alle halten, lachen, protestieren. Einfälle wie »militärisch« und »autoritär« kommen auf. »Man braucht Musik.« »Warum brauchst du etwas? Können wir nicht einfach so tanzen?« Wir probieren es noch einmal, als Gruppe zu gehen und dabei verschiedene Gangarten auszuprobieren. Wieder verfällt die Gruppe in einen gemeinsamen Takt und beginnt jetzt vorsichtig zu tanzen; irgend jemand hat seine Hände auf die Schultern des »Vordermanns« gelegt, jemand anderes ruft, wir sollten uns alle nach innen wenden und seitlich mit den Armen berühren wie bei einem griechischen Tanz.

Nachdem dieses ausprobiert ist, schlage ich vor, jeder möge seine eigene Gangart, und zwar eine, die er selten verwendet oder als fremdartig empfindet, aber doch einmal ausprobieren möchte, versuchen: Da wird gestampft, gehinkt, geschlichen usw. Nach einer Erholungspause gehen wir einzeln. Wer sich ein Ziel im Raum vornimmt, wirkt sicherer, wer herumsucht, scheint auch körperlich zu schwanken. Der

Start ist wichtig: Einzelne laufen irgendwie los, andere suchen erst festen Stand, von dem sie sich lösen. Wie geht dein Atem, bevor du den ersten Schritt tust? Wie kommst du an und beendest deinen Weg? »Mir sind deine Schuhe aufgefallen: Fühlst du dich in denen wohl?« »Versuch's doch mal strumpfig!« »Probier mal meine Turnschuhe!« Eigen- und Fremdbeobachtungen werden ausgetauscht. Wichtig ist, das Gehörte sofort in die Tat umzusetzen, also gleich noch einmal auszuprobieren; sonst bleibt es graue Theorie und wird bald vergessen sein. (Das wäre übrigens auch bei homiletischen Seminaren sehr wichtig: Feedback nach dem Seminargottesdienst bringt wenig, wenn Alternativen nicht sofort ausprobiert werden können.)

Arme

Auch die Arme spielen beim Gehen eine wichtige Rolle. Sie erhalten beim Üben die ihnen gebührende Aufmerksamkeit. Wir gehen mit verschiedenen Arm- und Handhaltungen, um den Unterschied zu erleben. Wir bleiben stehen und probieren allerlei Bewegungen unserer Arme und Hände aus.

Körperhaltung

Die Körperhaltung beim Gehen ist äußerst verschieden: Manche schreiten hoch erhobenen Hauptes, andere strecken den Kopf vor, wieder andere »hinken nach beiden Seiten«.

Die Übungen werden intensiver, manche empfinden *Schmerzen,* wenn sie eine durchaus gesunde und gerade Haltung einnehmen sollen. Ihre Verbiegung ist chronisch geworden und erweist sich als Vermeidung von einmal mit dem aufrechten Gang verbundenen und erlittenen (biographisch verankerten und durchaus subjektiven) Leiden. Das Seminar fängt an, seelsorgerische Dimensionen zu erreichen. Sie werden nur soweit zugelassen, als sie nötig sind, um die Zielsetzung – liturgische Praxis – zu erreichen und mit allen gemeinsam erarbeiten zu können (nach dem Prinzip »Störungen haben Vorrang«[3]). Wir können hier keine Therapie machen. Aber es gehört zur liturgischen Sache, die Tränen des einen und die schmerzenden Hände des anderen, das Stolpern der einen und das Stottern des anderen ernst zu nehmen, um zu verstehen, was der Körper sagt, der da übt, denn der Körper spricht die Wahrheit. Manchmal sagt der Kopf: »Ich will Gottesdienst halten.« Aber die Beine sagen: »Wir wollen das nicht.« Manchmal sagt der Kopf: »Du sollst beten!« Aber die Arme verweigern sich, indem sie nicht hochzukriegen sind (Orantenhaltung). Der Körper weiß zum Glück auch die Alternativen und teilt sie den anderen, die zuschauen, meist deutlicher mit als dem Betroffenen selbst. Wenn die Seminargruppe gelernt hat, darauf zu achten, wird sie dem Übenden helfen können, seinen eigenen Ausdruck und Antiausdruck zu finden, der dann auch überzeugt und natürlich wirkt.

Verneigung

Die Verneigung ist mehr als ein etwas antiquierter höflicher Gruß. Sie drückt Selbstrelativierung und als solche Ehrerbietung, Dankbarkeit und bewußte Wendung zur Erde hin aus: Ich, das Gemeindeglied, der Zelebrant, die PredigerIn usw., ordne mich in einen größeren Zusammenhang ein. Ich nehme das, wovor ich mich verneige, ernst, zolle ihm Respekt und wage es, mich machtlos zu zeigen. Wir gehen umher und verneigen uns voreinander, wir verneigen uns vor einem fiktiven Altar, einer »Gebetsnische«, einem »heiligen Ort«, den wir vorher vereinbart haben, und tauschen unsere Erfahrungen aus. Wichtig: Was empfindest du selbst und in dir, wenn du dich verbeugst? Was empfinden diejenigen, die eine Verbeugung entgegennehmen oder beobachten?

Knien

Das Knien löst bei manchen immer noch antikatholische Affekte aus. Andere sind viel herumgekommen und haben ökumenische Erfahrungen mit dem Knien gewonnen. »Wir wollen uns die Körpersprache nicht von einer hierarchisch-autoritären Institution nehmen lassen!« Das ist ein immerhin vertretbarer Standpunkt. Zu unserer Eigenleibgewißheit gehört auch das Knien. Während wir knien, assoziieren die TeilnehmerInnen: »Feuer machen, Pfadfinder, Dienen, Demütigung, Helfen, Sich-Herabbeugen, Unterwerfung, mehr Bodenkontakt...« Wir bewegen uns auf den Knien durch den Raum: »Bußübung, tut weh, fühle mich, wie sich vielleicht ein Behinderter fühlt, eigentlich ganz schön, bin wieder ein Kind...«

Mit diesen Übungen läßt sich auch das Sitzen auf den Fersen und die aus der östlichen Meditation bekannt gewordene Haltung im *Lotussitz* (verschränkte Beine, ineinandergelegte Hände) verbinden, um sie mit den uns vertrauteren Haltungen und Gebärden zu vergleichen und unsere Körperwahrnehmung weiter zu stärken.

Atem und Stimme

Immer wieder achten wir auf den *Atem*. Wir verbessern oder korrigieren ihn aber nicht, sondern geben ihm schlicht mehr Aufmerksamkeit als üblich und nötigenfalls auch mehr Zeit und Raum. Um die uns geläufigen Körperäußerungen nicht völlig zu vergessen und um sie in einen ganzheitlichen Zusammenhang zu stellen, aber auch ganz einfach zur Auflokkerung, singen wir zwischendurch, achten beim Sprechen auf Auffälligkeiten wie gequetschte, allzu forsche oder schüchterne Tongebung u.ä., üben gelegentlich aggressiveres und zurückgenommenes Sprechen und seufzen immer wieder, wenn uns danach zumute ist (ziemlich häufig). Römer 8,26 wird zu einer durch und durch empirischen Aussage.

Tanzen hatte sich gelegentlich, wie bereits berichtet, schon aus dem Gehen entwickelt. Manchmal hatten wir auch ein wenig zur Entspannung getanzt. Nun bekommt der Tanz seine eigene Arbeitseinheit. Wir erproben die freie Bewegung erst mit, dann auch ohne Musik, vergleichen sie übend mit standardisierten Bewegungen beim Gesellschaftstanz und versuchen wahrzunehmen, welche Unterschiede in Empfinden und Körperhaltung Gruppen-, Paar- und Einzeltanz erkennen lassen. Als Musik verwenden wir übliche und klassische Tanzmusik, barocke Tänze (Suiten), Choräle und Gregorianik. Wie wir körperlich auf diese unterschiedlichen Ausdrucksstile reagieren, gibt uns viel zu fühlen, denken und reden. Jede Musik will, um verstanden zu werden, getanzt sein.

Bei allem haben wir viel Spaß. Freilich müssen wir uns auch mit einzelnen herumschlagen, denen die Theorie fehlt, die sich nicht auf praktisches Üben einlassen, sondern lieber schon vorher darüber diskutieren wollen usw. Einige bleiben auch weg. Daß die Theorie erst nach der Praxis kommen soll, macht manchen Schwierigkeiten. Sie erhofften sich Sicherheit durch theoretische Vorgaben, die den Rahmen der gefürchteten »Experimente« absteckten. Aber die Theorie wird kommen. Aus den gemachten Erfahrungen sollen Beobachtungen gesammelt und systematisiert werden. Mit Hilfe von Papierrolle, Wandtafel und Literatur (Kurzreferate) kann das Erlebte konzeptualisiert werden. Doch noch ist es nicht soweit.

III.
Wir üben in der Kirche

Es ist die letzte Sitzung vor Weihnachten. »Wir wollen in die Kirche!« Der Wunsch kommt aus der Gruppe, alle sind von der Idee begeistert: »Spielen wollen wir. Und verkleiden wollen wir uns!« – »Verkleiden« in liturgischem Zusammenhang – ist das nicht ein unpassender Ausdruck? Freilich schwingt hier etwas Ironisches mit, wie so oft, wenn wir uns dem Heiligen nähern und es ein bißchen relativieren müssen (z.B. in der Friedhofssakristei, wo besonders viele Scherze gemacht werden). Laßt die Abwehr zu und macht das heitere Spiel des Evangeliums nicht zur Tragödie des Gesetzes!

Portal und Raum

Wir gehen vom Seminarraum sehr bewußt zum Portal der Universitätskirche, um es anzuschauen und dann zu durchschreiten. Wir gehen wieder zurück und nochmals hinein, erst alle, dann einzeln. Die Beobachtungen werden ausgetauscht: »Ich mußte mich überwinden hineinzugehen. So bewußt bin ich noch nie in eine Kirche hineingegangen. Der Raum kam mir beim zweiten Mal plötzlich viel größer und unheimlicher vor. Ich habe nichts Besonderes gemerkt...«

Prozession

In der Kirche besichtigen wir den Raum, ich erzähle etwas zu einzelnen Sehenswürdigkeiten und zur Geschichte. Wir setzen uns als Gruppe relativ weit hinten auf die Bankreihen. Jemand empfindet sie als störend: »Was wäre diese Kirche schön, könnten wir frei darin herumgehen und -stehen; sie ist doch kein Kino!« Wir machen unseren Besichtigungsgang noch einmal, ohne Kommentare, statt dessen mit einem Lied, wie eine Prozession um die Bankreihen herum. Einer schlägt vor, an jeder Seite etwa in der Mitte stehen zu bleiben und einen Augenblick in Schweigen zu verharren. Wir gehen also erneut durch die Kirche. Es entsteht eine feierliche Stimmung. Jemand verläßt den Raum: Ist ihm die Atmosphäre unangenehm geworden? Wir umschreiten den Raum ein weiteres Mal und singen auf Vorschlag einer Teilnehmerin an jeder Seite der Kirche »Lobet und preiset, ihr Völker, den Herrn...« (In einer Kirche mit Seitenaltären hätten wir diese selbstverständlich in unsere Übung einbezogen.) Das bewegte Beten findet allgemein Anklang. Danach halten einige einen Szenenwechsel für angebracht.

Spielen

Wir spielen mit dem Raum. Einige kriechen unter der Mensa des Hauptaltars durch, andere steigen zum ersten Mal in ihrem Leben auf die Kanzel und winken herab. Eine singt aus einer Ecke »Der Herr sei mit euch«, um das Echo zu hören. Als einer herumrennt, wird er ermahnt, das schicke sich nicht in der Kirche, ein anderer »kann das nicht verstehen«. Wir vergleichen Rennen, Schreiten, normales Gehen und tänzerische Bewegungen im Kirchenraum, indem wir sie ausprobieren, einander vorführen und unsere Eindrücke austauschen.

Am Altar

Es gibt einen Reigentanz der ganzen Gruppe um den Altar und Versuche, vor dem Altar Bewegungen auszuführen. (Der Altar ist bei diesen Übungen selbstverständlich nicht gedeckt, und es brennen keine Kerzen.) Jemand entdeckt einen durch ein Kreuz besonders gekennzeichneten Stein in einem der Altäre. Wir kommen auf die religionsgeschichtlich interessante Entwicklung des Altars zu sprechen, der einerseits eine Opferstätte, andererseits ein Märtyrergrab darstellt, und auf den Tanz der frühen Christen über den Gräbern ihrer »Heiligen«. Auch das Osterlachen, der Spott auf den Tod und die Freude über das Leben, wird assoziiert.

Gegenüber

Immer wieder interessant ist für die Gruppe, sich aufzuteilen und einmal die Position der sogenannten Gemeinde wahrzunehmen und die anderen aus dieser Position heraus zu beobachten, wie sie im Altarraum agieren, und das andere Mal die Position am Altar selber einzunehmen. Es macht auch einen Unterschied, ob Frauen oder Männer hier oder dort sind. Wie geht es euch Männern, wenn ihr in den Bankreihen sitzt, während euch vorne eine Frau oder gar »die geballte Weiblichkeit« (alle Frauen des Seminars zusammen) gegenübersteht? Beobachtet die Unterschiede, wenn einer oder mehrere vorne stehen und gehen! Einzelne stehen ausgesprochen gerne vor der Gemeinde. Andere wirken unsicher, machen unangebrachte Späße und wollen die exponierte Stelle rasch wieder verlassen. Mehrere stolpern auf den Altarstufen. Immer wieder wird das Überschreiten der Schwelle in den Altarraum als Überschreiten einer auch geistigen Schwelle angesprochen. Sobald ich als Seminarleiter mich neben die, denen das Stehen im Altarraum oder gar das Sprechen von dort Schwierigkeiten macht, stelle, werden sie ruhig. Es gibt freilich auch solche, denen es unangenehm ist, wenn der Seminarleiter sich neben sie stellt.

Wir besprechen alle unsere Erfahrungen, ziehen daraus Schlüsse und probieren sie sofort aus. Wie empfinde ich es selbst und wie wirkt das auf die anderen, wenn ich kerzengerade, eher steif oder eher locker, gebeugt oder mit erhobenem Haupt vor den Altar trete? Welche Handhaltung sieht wie aus? Wie geht es mir, wenn ich die Gemeinde im Rücken oder wenn ich sie vor mir habe? Plötzlich werden die »Klamotten« wichtig: »In dieser Hose kannst du unmöglich so dastehen!« Oder: »Dein bunter langer Rock macht sich vorzüglich, wenn du dort hin-und-her-gehst.« »Mir sind deine Stiefel aufgefallen. Unter einem Talar müßten sie komisch wirken.« Und immer wieder: »Du stehst krumm, verdreht, nicht in der Mitte des Altars...«

Gebetshaltungen – Segensgebärden

Am Altar probieren wir auch verschiedene Gebetshaltungen aus: flehentlich erhobene Hände, empfangsbereite Gesten (z.B. bei der Epiklese), »weltumspannende« waagerecht ausgebreitete Arme (ökumenische Gebete, z.B. um die Einheit der Kirche, Darstellung bereits vorhandener Gemeinschaft) u.a. Wir erproben das Beten mit erhobenen und geöffneten Armen, mit gefalteten (übliche evangelische Haltung) und mit aneinandergelegten Händen (Dürers Bild »Betende Hände«), den alten Vertrauensgesten derer, die ihre Hände in die des Lehensherrn legten. Daß die Hände des Pfarrers und der Pfarrerin beim Segnen der Gemeinde nicht waagerecht, sondern senkrecht (mit den Fingern nach oben zeigend) zu halten sind, ergibt sich beim Üben und Beobachten beinahe von selber: Die Fläche der Innenhand muß zu sehen sein. Wohin beim Kreuzschlagen mit der anderen Hand? Entweder läßt man sie seitlich hängen oder hält sie gleichsam unterstützend etwa in der Höhe des Ellenbogens nach innen abgewinkelt mit dem Handteller nach oben. Gerade die Segensgebärden sind übrigens gut vor dem Spiegel zu üben.

Wir sehen uns auch an, wie Zu- und Abgang vom Altar auf uns wirken, und üben sie immer wieder.

Die Zeit ist um, und wir sind nicht zu all dem gekommen, was wir im Kirchenraum erfahren wollten. Auch das »Verkleiden«, auf das sich alle nach Besichtigung der Kleiderkammer im Sakristeibereich so gefreut hatten, konnte noch nicht stattfinden. Die nächsten Sitzungen nach den Weihnachtsferien werden wir wieder hier verbringen.

Den Altar decken – Vasa sacra

Nach den Weihnachtsferien tauschen wir erst einmal Beobachtungen aus, zu denen an den Feiertagen reichlich Gelegenheit war. Und wir wollen »Neues« tun. Wir können nicht andauernd auf die Körperhaltung achten. Zur Abwechslung und im Anschluß an Beobachtungen bei Festtafeln während der Feiertage decken wir den Altar. Wir pakken ihn voller Bücher, als wäre er ein Schreibtisch; alle sind entsetzt. Wir verteilen Bücher und andere Gegenstände nach Belieben auf der Mensa und beobachten die Wirkung auf uns. Es scheint uns an der Zeit, einen Vergleich des bunt beladenen Altars (Bücher, Federmäppchen, Bibeln, eine Safttüte, alles, was sich in den Mappen der Studierenden finden läßt) mit einem klassisch gedeckten Altar zu wagen: Wir stellen die Blumen wieder an ihren Platz und wir holen aus der Sakristei die weiße Altardecke und die Kerzen, den wertvollen Kruzifix und die »heiligen Behälter« (Vasa sacra), Kelch, Weinkanne, Brotbüchse bzw. Brotkelch (Pyxis, Ciborium) und Brotteller (Patene) und stellen sie auf die Weinbzw. Brotseite.

Evangelien- und Epistelseite – Ambo

Wir lernen bei dieser Gelegenheit deren Entsprechung zu Evangelien- und Epistelseite kennen. Die Evangelienseite ist, vom Altar aus zur Gemeinde hin gesehen, rechts: »Sitzend zur Rechten Gottes« ist der lehrende Christus in Gestalt des Logos, symbolisiert durch das Evangelienbuch, die Propheten und Apostel hingegen sprechen von der linken Altarseite aus. Zugrunde gelegt sind traditionelle Vorstellungen eines antiken und mittelalterlichen Thronsaals: In der Mitte thront der Herrscher, rechts sein Sohn und Erbe, links sein Kanzler, Ratgeber o.ä. Wir verstehen jetzt auch, weshalb in manchen Kirchen zwei Lesepulte (Ambonen) auf den zwei Seiten des Altars vorhanden sind. Dabei wird das Evangelienpult häufig von der Figur eines Adlers getragen, so auch in der Marburger Universitätskirche, wo einige sofort »den

Adler scheußlich« finden. Die Rede kommt auf die vier Evangelisten und ihre Symbole[1]. Auch über das Verhältnis von Kanzel und Lesepult sowie ihre geschichtlichen Hintergründe wird gesprochen. Versteht man die Predigt als Auslegung des Evangeliums oder der Epistel und der »Propheten«, so ist ihr Platz im Anschluß an die jeweilige Lesung am Ambo bzw. vom Ambo aus, wie es ursprünglich auch gewesen ist.

Kanzel

Die Entfaltung der mittelalterlichen volksmissionarischen und bildungsbegeisterten humanistischen Kanzelrede am Vorabend der Reformation steht mit dem von den Chorschranken (cancellae) ins Kirchenschiff und dann an eine der seitlichen Säulen gewanderten Ambo, der so zur Kanzel wird, in Zusammenhang. Er ist für die Reformation von großer Bedeutung und wurde zu einem theologischen Raumprogramm, das im barocken protestantischen Kanzelaltar[2] seinen Höhe- und Endpunkt fand.

Ich sage: »Die Kanzel sollte Festpredigten und besonderen Wortgottesdiensten, in denen die Predigt das alleinige Zentrum bildet, vorbehalten bleiben.« Eine längere Seminardebatte über diesen Punkt schafft Verbindungen zum homiletischen Lehrgang[3] und fördert das Problembewußtsein, das gegenüber protestantisch-naiver Predigtseligkeit dringend geboten ist. Sie gibt uns aber auch Gelegenheit, Sprechvergleiche vom Pult und von der Kanzel aus, mit und ohne Mikrofon, anzustellen, das Mikrofon als Kommunikations-«hilfe« zu problematisieren und kurz über die Etymologie des Wortes Predigt, die uns ja auch theologisch auf die Sprünge helfen kann (Predigt kommt von praedicare), zu sprechen. Gott zu preisen, heißt zu rufen und einander zuzurufen, nicht in erster Linie, einander zu belehren und sich durch komplizierte theologische Gedankengänge hindurchzuquälen. Dazu bedarf es einer in den Sprachduktus integrierten Aggressivität, die bei manchen Studierenden kaum hervorzulocken ist[4]. Wir üben also das Rufen und entdecken den automatischen Übergang zum Sprechgesang und zu natürlichen Intervallen (z.B. der kleinen Terz), wenn gerufen wird.

Immer wieder achten wir darauf, daß der Körper tun darf, was er kann und möchte, und nicht krampfhaft abgebremst wird, wie Schulstube und Hörsaal es verlangen. Manche TeilnehmerInnen sind selbst erstaunt, welche Kraft aus ihnen spricht und singt, wenn sie erst einmal herausdarf.

Taufstein – Weihwasser

Auch der Taufstein erregt das Interesse der Studierenden: In der Marburger Universitätskirche handelt es sich um einen Taufbrunnen mit vier Delphinen als Wasserspeiern. Taufbrunnen symbolisieren besonders gut den alten Brauch, in fließendem Wasser Erneuerung und Heilung zu suchen. Taufschale und Taufkanne, zu den Vasa sacra gezählt, werden herbeigeholt. Wir üben das Wassergießen aus der Kanne in die Schale so, daß die Symbolik des fließenden Wassers (Jordan, heilige Flüsse und Quellen auch in vielen anderen Religionen) deutlich wird. Beim Hineinfassen erschrecken einige über die Kälte: »Jetzt weiß ich endlich, warum der Küster bei uns zu Hause das Taufwasser immer aus seiner Wohnung mitbrachte.« Wir üben Schöpfen und Gießen mit hohler Hand. Ein anderer hält seine Hände wie ein Kinderköpfchen darunter. Einige wollen ausprobieren, wie man gleichzeitig die Tauf-Agende halten (wenn es denn schon sein muß) und die Taufhandlung vollziehen kann. Im Zusammenhang mit dem Taufstein zeige ich den Studierenden die alte Nische für das Weihwasserbecken. Sich mit dem sogenannten Weihwasser (gesegnetem = »geweihtem« bzw. zum Segnen und Weihen vorgesehenem Wasser) zu bekreuzigen heißt, die Tauferinnerung zu pflegen, die auch Luther anspricht, wenn er von der Notwendigkeit redet, täglich aus der Taufe zu kriechen. Religionsgeschichtlich handelt es sich um ein überall belegtes Zeichen der Reinigung, aber auch des Sterbens und Neuwerdens, so auch symbolisch beim Betreten des Heiligtums. (Man denke auch an die Waschungen vor Moscheen.)

Bekreuzigung

Zwei Arten der Bekreuzigung lernen wir, mit dem Wasser spielend, kennen: die ältere, sogenannte kleine, bei der drei Kreuze mit Daumen oder Mittel- und Ringfinger auf Stirne, Mund und Brust gezeichnet werden, und die neuere, sogenannte große, bei der ein Kreuz von der Stirne zur Brust und von der linken zur rechten Schulter gezeichnet wird. Nach der lutherischen Agende werden die Kinder bei der Taufe mit dem Zeichen des Kreuzes gesegnet und damit als Eigentum Christi gekennzeichnet, dadurch zugleich auch mit der »Kraft aus der Höhe« versehen[5]. Auch sonst wird das »große« Kreuz in evangelischen Gottesdiensten als Zeichen der Segnung »auf die Gemeinde gelegt«.

Liturgisches Gehen

Nachdem wir uns mehrere Seminareinheiten lang in der Kirche bewegt haben, fällt uns auf, daß wir die Bewegungen als solche dort noch nicht ausreichend thematisiert und erprobt haben. Wir benötigen eine ganze »Sitzung« von eineinhalb Stunden, um das Gehen, vor allem im Chorraum, zu üben. Jede und jeder sollen Gelegenheit haben, allein aus der Sakristei zu kommen, vor die Altarstufen zu treten, davor zu stehen, die Stufen hinauf- und herabzusteigen, vom Altar zum Ambo und zurück zu gehen etc. Diese Übungen sind affektiv sehr stark besetzt, d.h. mit vielen Gefühlen verbunden, weil auch für Protestanten, weit unterhalb akademischer Reflexion, der Altarraum als eine Art Allerheiligstes Bedeutung gewinnt. Von daher dürfte auch erklärbar sein, daß selbst in noch so leeren Kirchen die Gemeindeglieder nicht gerne ganz vorne sitzen. Die Studierenden stolpern an der Treppe, durchmessen den Raum von den Sitzbänken der Gemeinde zum Altar viel zu schnell, als gelte es eine Schwelle rasch zu überwinden, usw. Beim mehrmaligen Üben treten bei manchen allerlei Körpersymptome auf: Schwitzen oder Frieren, Kopfschmerzen, Herzklopfen...[6] Wir gehen damit um, sprechen uns aus, versuchen es immer wieder und lassen einerseits Einfälle und Erinnerungen, andererseits Alternativen der Praxis (warum soll man Schwierigkeiten nicht auch vermeiden dürfen!) zu, also einerseits: Wieso und wozu stolperst du da immer? Andererseits: Siehst du eine Möglichkeit, etwas anders zu machen, seht ihr, die ihr das beobachtet habt, eine Alternative? Wir achten übrigens beim Gehen auch darauf, daß der Altarraum nicht irgendwie, z.B. »Luftlinie«, durchschritten wird, sondern mit überlegten Wegen, für die sich rechte Winkel anbieten: Man geht z.B. vom Seitenplatz aus gerade in die Mitte vor dem Altar und von dort erst, sozusagen senkrecht, auf den Altar zu. Wer sich liturgisch bewegt, soll nicht einfach loslaufen, sondern vor jeder Bewegung und Handlung, deren Beginn bewußt »in Regie nehmen«: Ich nehme wahr, wo und wie ich stehe, sitze usw., fühle meinen Körper bis in die Fußspitzen, ja in die Erde hinein, nehme Kontakt mit dem Ziel (Altar, Kanzel etc.) auf und gehe erst dann, wenn ich bereit bin. Es eilt nicht.

Sitzen

Auch das Sitzen in den Kirchenbänken und auf dem »Zelebrantensitz« im Altarraum wird ausprobiert und im Vergleich zum Sitzen in der ersten Reihe (»bei der Gemeinde«) erörtert. Wir stellen fest, daß wir öfter stehen möchten, als es die Agenden vorsehen oder als wir es aus der Heimatgemeinde gewohnt sind, schon weil die Kirchenbänke so hart sind und weil wir beim Singen mehr Luft bekommen wollen. Also wird beschlossen, im Abschlußgottesdienst, den wir feiern werden, bei allen Lesungen, beim Psalm und bei den Liedern, aber auch bei allen Gebeten und Segenshandlungen zu stehen. Das Sitzen, diese kulturgeschichtliche Fesselung, nach Wilhelm Reich eine Ursünde der Menschheit, soll auf ein Mindestmaß beschränkt werden. Kranke und alle, die mögen, dürfen ohnehin sitzen, wann immer sie wollen. Es ist ein Prinzip unseres Seminars, daß jeder so gut wie möglich auf die Bedürfnisse seines Körpers achtet und ihnen Rechnung trägt.

Sakristei – Paramente

Die Sakristei, in die wir alles, was wir geholt haben, wieder zurückbringen müssen, wird Thema der nächsten Unterrichtseinheit. Sie enthält außer dem Raum für die Vasa sacra jedenfalls in der Marburger Universitätskirche eine Paramentenkammer, in der die liturgischen Gewänder aufbewahrt sind. Sie werden mit viel Spaß betrachtet und anprobiert: die Albe mit Zingulum, die schwarze Soutane und auch einige Preußen-Talare samt Beffchen. Ja, in einem Schrank findet sich noch ein alter Amtsrock, säkulares Standesgewand des protestantischen Klerus um die Jahrhundertwende und von manchen Pfarrern, Dekanen, Oberkirchenräten und Bischöfen bis in die achtziger Jahre hinein getragen. Man findet weiße Chorhemden, Stolen in den liturgischen Farben und – in Marburg leider nur weiße – Kaseln (die auch in den liturgischen Farben gehalten sein können)[7].

Farben

Das bietet Anlaß, die liturgischen Farben zu erläutern: Grün, die Farbe der Saat und damit der Hoffnung, Grundfarbe des Kirchenjahres, Violett als Zeichen der Besinnung, Einkehr und Buße speziell in den stillen Zeiten des Advent und der Passion, aber auch am Buß- und Bettag, Weiß als Farbe des Lichtes für die Christusfeste und Rot als Farbe von Blut, Liebe, Lebendigkeit, Leidenschaft und Feuer, dem Heiligen Geist (Pfingsten) und den Gedenktagen der Kirche (weil an das Blut der Märtyrer gemahnend) zugeteilt. Diese Farben können in Beziehung zu den vier Elementen gebracht werden: Weiß zur Luft, Rot zum Feuer, Violett zum Wasser und Grün zur Erde (oder: Grün zum Wasser, Rot zum Feuer, Violett zur Erde und Weiß zur Luft).

Daß die Sakristei auch einen keineswegs nur privaten Gebetsraum, eine Art Vorkirche, eine Kapelle, darstellt, scheint den meisten ein ungewohnter Gedanke. Allerdings erinnern sich einige, schon öfters Altäre in Sakristeien gesehen zu haben. Wir besprechen die Vorbereitung des Gottesdienstes in der Sakristei und den sinnvollen Brauch, alle an der Gestaltung des Gottesdienstes beteiligten Protagonisten (Pfarrer, Kantor, Küster usw.) vor Beginn des Gottesdienstes in der Sakristei zu versammeln, um bei entzündeter Kerze ein freies oder auch ein feststehendes Gebet (evtl. als Psalm im Wechsel) zu sprechen und dann gemeinsam in die Kirche zu ziehen, so daß der Gottesdienst eigentlich bereits mit dem Gebet der ProtagonistInnen in der Sakristei und dem stillen Gebet der Gemeindeglieder, bevor sie sich auf ihren Platz setzten, begonnen hat.

Gebet

Das Sakristeigebet wird auch sogleich geübt. Wir stehen im Halbkreis um den Sakristeialtar bzw. die Altarnische und entzünden eine Kerze. Einer formuliert den Eingangssatz: «Herr, wir bitten dich um deinen Segen für diesen Gottesdienst.« Einzelne fügen verschiedene Bitten an. Einer spricht den Schlußsatz: »Darum bitten wir dich durch deinen lieben Sohn, unseren Herrn, Jesus Christus, der mit dir und dem Heiligen Geiste, ein wahrer Gott, lebet und regieret von Ewigkeit zu Ewigkeit.« Alle antworten: »Amen!« Das Amen gehört grundsätzlich der Gemeinde oder denen, die im Moment die Gemeinde darstellen. Es ist ein Antwortruf, der niemals vom Pfarrer oder Vorbeter selbst gesprochen werden sollte.

Kerzen

In der Sakristei beschäftigen uns auch die dort reichlich vorhandenen Kerzen. Daß das Entzünden und Löschen der Kerzen zum Gottesdienst gehört und eine kultische Handlung darstellt, ist den meisten neu, aber einleuchtend. Die Lichtsymbolik löst vielfache Einfälle, Erinnerungen und Spekulationen aus. Von der Feier der Osternacht wird ebenso erzählt wie von der Beobachtung, daß die Osterkerze zu Himmelfahrt gelöscht wird. (Die Zeit der direkten Christusvisionen ist vorbei, es beginnt die Zeit des Glaubens unter dem Zeichen des Heiligen Geistes.) Daß das Evangelienbuch bzw. Lektor oder Lektorin von Kerzenträgern flankiert werden, hebt die Verlesung des Evangeliums aus den anderen Lesungen heraus. Auch der eucharistische Teil des Gottesdienstes wird durch das Entzünden weiterer Kerzen am Altar gekennzeichnet.

Weihrauch

In der Teeküche hinter der Sakristei findet eine Teilnehmerin ein Weihrauchfaß samt den nötigen Ingredienzen. Der Versuch, die Harzkörner zu entzünden, mißlingt, weil sie auf glimmende Holzkohle gelegt werden müssen. Die Freude ist groß, als der Rauch schließlich kräftig herausquillt, nachdem Holzkohle gefunden und zum Glühen gebracht worden ist. Einige husten. Wir sprechen über die alte Symbolik des aufsteigenden Opferrauchs und das Zeichen des Wohlgeruchs, das auch bei weltlichen Festen in Gestalt von Räucherstäbchen o.ä. die Stimmung steigern kann. Dieser Rauch hat etwas Berauschendes. Moralische Bedenken werden laut: Rausch im Gottesdienst? Wir sprechen über berauschende Elemente der meisten Kulte, über die Drogenwelle als Symptom einer gefährlichen Desintegration und psychologischen Spaltung und über die Reste orgiastischer Zeremonien, aus denen sich der christliche Gottesdienst entwickelt hat (Dionysoskult, Mysterienkulte). Daß auch die Gemeinschaft selbst, der Tanz, die Gesänge, der Genuß von Wein und Brot und das rhetorisch gebrauchte Wort berauschen können, ist nach allem, was das Seminar bereits erlebt hat, für seine TeilnehmerInnen nicht mehr ganz so erstaunlich.

Wir singen »Jesaja, dem Propheten, das geschah... Das Haus auch ganz voll Rauchs und Nebel war«[8] und räuchern dazu kräftig. Wir umschreiten den Altar und lassen Rauch an ihm emporsteigen. Er soll als Tisch des Herrn gereinigt und verehrt, als Thron Gottes geachtet und vom Verwesungsgeruch seines Grabcharakters durch den Duft des Lebens befreit werden. Wer dieses wörtlich nimmt, versteht es freilich falsch. Es geht wie bei allem Liturgieren um darstellendes, versinnbildlichendes Spiel. Denn: Wo ist der Thron Gottes? Überall und nirgends! Wo sind Christus und die Märtyrer begraben? Überall und nirgends! Wo steht der Tisch des Herrn? Überall und nirgends! Was ist tabu? Alles und nichts! Wo ist Gott gegenwärtig? Überall und nirgends!

Wir beräuchern auch die Gemeinde: Alle, die durch die Taufe ins allgemeine Amt der Priesterschaft Christi eingesetzt sind, sollen teilhaben am heilenden Rauch der aufsteigenden Gebete, an der heiligen Sphäre, die er erfüllt. Wir beräuchern Evangelienpult und Lektionar oder Bibel als Zeichen der Ehrerbietung, evtl. auch die Kanzel, wenn von ihr gepredigt wird. Schließlich beräuchern wir die Elemente der Eucharistie, Zeichen des gegenwärtigen Christus, dem alle Ehre gebührt, die Christen den irdischen Herrschern versagen[9]. Während des Huldigungsrufs des »Dreimalheilig« (Trishagion, Sanctus) kann permanent am Altar geräuchert werden, gerade dann, wenn das Inzensieren[10] sonst wegfällt oder ungebräuchlich ist.

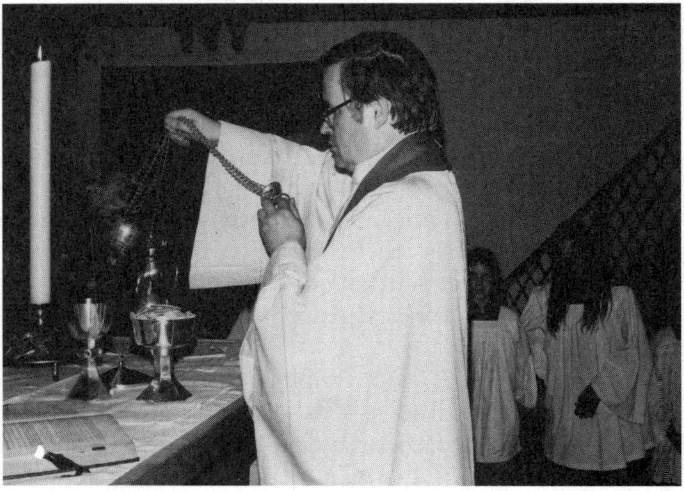

Die Elemente werden beräuchert

IV.
Beobachtungen werden geordnet: Das liturgische Symbol- und Verhaltensrepertoire

Nach so vielen praktischen Sitzungen hat die Seminar gruppe auch wieder Lust am Konzeptualisieren. Es wird gesammelt und notiert: Grundsätzliches, Ausdrucksformen, Verhaltensweisen, Körperhaltungen und Bewegungen, Handlungen, Zeichen und Elemente.

Grundsätzlich ist alles menschliche Verhalten symbolfähig, transzendierbar und als Ausdruck von Frömmigkeit geeignet. Je nachdem, worauf sich die kultische Verehrung richtet, welche menschlichen Phänomene sie religiös überhöht und damit heiligt, werden verschiedene Körperhaltungen und -gebärden, aber auch Gegenstände und Elemente aller Art kultisch eingesetzt. Alles menschliche Verhalten kann also auch in den Dienst des gottesdienstlichen Geschehens treten. Taucht es in einem religiösen, d.h. symbolischen, Interpretationszusammenhang auf, bekommt es eine Bedeutung, die es außerhalb dieses Kontexts nicht hat. Es gibt keine an sich heiligen Handlungen, die nur als heilige Verhaltensweisen vorkämen und deutlich von allem anderen menschlichen Handeln oder von anderen Gegenständen in Natur und Kultur unterscheidbar wären. Die »Heiligkeit« entsteht vielmehr durch den kultischen Zusammenhang, die transzendierende Zuschreibung, ob es sich nun um Liegen, Sitzen oder Stehen, Hören, Sehen oder Essen handelt. Es wird aber kein Zufall sein, welches menschliche Verhalten im dramatischen Spiel der Liturgie vorkommt und welches nicht. Gab es in antiken Religionen selbstverständlich Sexualität als religiöse Ausdrucksform, so wird im neuzeitlichen Christentum Körperkontakt fast völlig vermieden (Ausnahmen: Händeschütteln vor und nach der Kirche, Handauflegung bei Segnungen, neuerdings das verklemmt genug wirkende Zeichen des Friedens und gelegentlich, meist in geschlossenen Gruppen, wieder die Fußwaschung), Sexualität und Frömmigkeit sind mindestens scheinbar in Gegensatz geraten.

Gab es in der frühen und mittelalterlichen Christenheit wie in anderen Religion geradezu massenhaft Einsiedler und ging man früher bzw. geht man auch noch heute in anderen Religionen vorwiegend allein oder in der Familie in den Tempel, so trat bei der Christenheit doch von Anfang an und bis heute die Zusammenkunft einer größeren Gruppe, der Gemeinde, als besonderes Merkmal in den Vordergrund. Der Besuch des Heiligtums, einer Kirche u.ä. erfolgte zu ganz bestimmten Zeiten gemeinsam, d.h. das Zusammenkommen und das Weggehen wurden zu zentralen religiösen Ausdrucksformen[1]. Dennoch kommen auch im Christentum die meisten religionsphänomenologisch überall zu beobachtenden *Ausdrucksformen* vor.

Im einzelnen handelt es sich um folgende *Ausdrucksmöglichkeiten.* Sie werden zunächst entwicklungspsychologisch interpretiert und dann systematisch aufgelistet.

Entwicklungspsychologische Skizze

Religiöse Ausdrucksformen

Wenn wir geboren werden, schreien wir und müssen getragen oder hingelegt werden; bald lernen wir, den Kopf zu heben, mit den Händen zu greifen oder zu winken, mit den Beinen zu strampeln und zu stoßen, zu sitzen, zu krabbeln, zu knien und uns aufzurichten. Stehen und Gehen sind entscheidende Möglichkeiten menschlichen Verhaltens, wir können uns auch wieder hinsetzen oder gar hinlegen, mehrfach zwischen Sitzen und Stehen, Gehen und Innehalten wechseln und wir können tanzen. Während schon das Kind die meisten Bewegungen ausführt, um etwas zu erreichen, beginnt es, vor allem wenn es Musik hört, sobald es laufen kann, zu tanzen[2]. Beim Tanzen wird die Bewegung in gewisser Weise zum Selbstzweck, verstehbar als Ausdruck von Gesundheit, Lebensfreude und lustvoller Eigenleibgewißheit. Zugleich stellt der Tanz meist eine Interaktion mehrerer dar, z.B. des tanzenden Kindes und der Musiker, auf die es reagiert, oder des einzelnen auf die Gruppe, in der er sich befindet und wohlfühlt.

Ausdruck

Zu allen Bewegungen und Haltungen gehören bestimmte Situationen oder Phasen sowie ein mehr oder weniger deutlicher Rhythmus, ein Zeitgefühl, das Bewegung und Raum koordiniert. Dabei dürfte der eigene Herzschlag eine wichtige Rolle spielen. Eng mit dem Herzschlag verbunden ist unser Atem, der sofort nach der Geburt einsetzen muß; Schreien ist ein entsprechender Urausdruck. Über das Lallen entwickelt er sich zum Sprechen, Rufen und Singen. Das Urintervall, in welchem Kinder ihre Eltern rufen, aber auch Arbeiter, etwa auf dem Bau, sich verständigen, wenn sie über weitere Entfernungen rufen wollen, ist die kleine Terz:

Wir werden diesem Urintervall (das der Kuckuck übrigens oft in Moll, also als große Terz, singt) in der Liturgie häufig begegnen.

Atem vollzieht sich rhythmisch, er kommt durch Bewegung unseres Zwerchfells zustande. Atem, Rhythmus und Bewegung gehören eng zusammen. Bewegen wir uns heftig, wird unser Atem rascher und das Herz schlägt schneller. Die Entwicklung unseres Atems zum gestalteten Sprechen und Singen geht parallel zu der der äußeren Körperbewegungen, vom Liegen zum Sitzen, Knien, Gehen und Stehen. Dabei nimmt die Möglichkeit aktiver Gestaltung unseres Verhaltens zu, die Entwicklung geht vom Objekt- zum Subjektsein, vom Gepflegt- und Behandeltwerden zum eigenen

Handeln und zur Eigen-Ständigkeit. Die Entwicklung läuft sozialpsychologisch vom symbiotischen Zustand der Mutter-Kind-Dyade über das Wir einer Familie oder vergleichbaren Primärgruppe zum Ich und von da zum bewußten Kontakt mit einem als von einem selbst getrennt empfundenen Du. Eine der entscheidenden Möglichkeiten des Menschen besteht in der zunehmenden Fähigkeit zur Abgrenzung, zum Nein-Sagen, Sich-Verweigern, Sich-Zu-oder-Abwenden und so die Kommunikation im eigenen Interesse zu beeinflussen. Parallel entwickeln sich auch die inneren oder seelischen Impulse, die wir als Affekte und Emotionen (Gefühle von Lust und Unlust, Wünsche und Ängste; Gefühlsäußerungen: Lachen und Weinen, zärtliche Berührung, ärgerliches Schlagen und wütendes Angreifen), Phantasien (Vorstellungen, Bilder, Gedanken, Stimmungen etc.), Erinnerungen und Gedanken, Interpretationen und Visionen wahrnehmen und die unser Handeln im Reflex auf äußere Situationen bestimmen. All das wird sich schließlich zur Möglichkeit eines leidenschaftlichen Lebens entfalten, das lieben und arbeiten kann, also generativ und produktiv ist. Aus diesen Möglichkeiten wird schließlich auch die menschliche Fähigkeit entstehen, in der Welt den Himmel, im Diesseits ein Jenseits und in der Gegenwart Vergangenes (Paradies) und Künftiges (Stadt Gottes) zu imaginieren.

Eindrücke

Können die bisher beschriebenen Körperäußerungen stärker als aktives Geben beschrieben werden, so handelt es sich bei den folgenden um eher (wenn auch nur scheinbar) als passiv einzustufende Sinneswahrnehmungen. Wir können auch sagen: Ging es zunächst um Ausdruck, so geht es jetzt um Eindrücke, die wir empfangen, um das Nehmen, ohne das auch ein Geben unmöglich wäre.

Das Kind fühlt schon im Mutterleibe, und es hört dort auch schon Stimmen und Geräusche. Rasch nach der Geburt öffnet es die Augen, um zu sehen, und es wird beim Trinken tasten, schmecken und riechen. Unsere »fünf Sinne« haben in verschiedenen Zeiten und Kulturen verschiedenes Gewicht bekommen, so im Mittelalter das Sehen, in der Barockzeit das Hören (J.S. Bach und die evangelische Predigt), zur Zeit wieder einmal auch der Geschmacks- und Geruchssinn (Bedeutung der neuen Feinschmeckerkultur und der Parfüms).

Zur Systematik des Verhaltens

Nachdem wir die Entwicklung menschlichen Verhaltens in aller Kürze und äußerst grob skizziert haben, sollen im folgenden religiöse Ausdrucksformen aufgrund allgemeinmenschlicher Verhaltensweisen beobachtet und systematisiert werden. Indem der Mensch als Körper lebt, drückt er sich aus und teilt sich mit. Wir können nicht nicht kommunizieren, sagt Paul Watzlawick[3].

Wir haben *Körperhaltungen* kennengelernt und *Bewegungen,* die zu diesen Haltungen führen.

1. Zu den Körperhaltungen bzw. Posen, in die wir gebracht werden oder die wir selbst einnehmen, gehören Liegen, Sitzen, Knien und Stehen; aber auch Ruhen und Schweigen, kurz: alle Körperzustände, die durch Bewegung erreicht und auch wieder verändert werden können.

2. Bewegungen, durch die wir aktiv unsere Haltung verändern, sind u.a. Sich-Hinlegen, -Aufsetzen, -Aufrichten, -Aufstehen, Gehen; Tanzen; aber auch Schreien, Lallen, Rufen, Sprechen und Singen.

Sowohl Haltungen als auch Bewegungen können stärker handlungs- oder stärker darstellungs- bzw. ausdrucksorientiert sein. Sind sie stärker handlungsorientiert, erscheinen sie als zweckrational und von Alltagsinteressen geleitet, sind sie stärker ausdrucksorientiert, erscheinen sie eher als kommunikativ und sozial ausgerichtet.

3. Bewegungen lassen sich einteilen in Handlungen, Gebärden, Gesten und nonverbale Gefühlsäußerungen[4]. Handlungen sind zielgerichtete, zweckorientierte und interessenge-

leitete Bewegungskomplexe, durch die aktiv in das Umfeld eingegriffen wird. Sie geschehen unbewußt oder bewußt. Gebärden umfassen Körperhaltungen, diese verändernde Bewegungen und einzelne Gesten, die weniger eingreifen als darstellen und Signalwirkung haben; auch sie geschehen bewußt oder unbewußt. Gesten sind bewußte Zeichengebungen durch nichtsprachliche Mittel: Handbewegungen, Kopfschütteln oder Nicken usw. Nonverbale Gefühlsäußerungen sind Lachen und Weinen, aber auch wortloses Schreien, Klagen oder Jubeln und Jauchzen. Der Tanz umfaßt schlechterdings alle Möglichkeiten: Haltung, Handlung, Gebärde, Geste – und das in ständigem rhythmischen Wechsel. Er ist absolut ganzheitliche Bewegung, die in der sexuellen Vereinigung Tanzender gipfeln kann. Die sexuelle Vereinigung selbst ist die absolute Steigerung ganzheitlicher Bewegungsabläufe, die die kreative Potenz des Menschen zum Ausdruck bringt.

In der Liturgie haben wir es in der Regel mit Handlungen, Gebärden und Gesten zu tun, die stark stilisiert und diszipliniert sind. Manfred Josuttis hat jedoch darauf hingewiesen, daß auch in der christlichen Liturgie latent elementare und atavistische Impulse wildester Art wirksam werden. Ihm sind vor allem die oral-aggressiven Latenzen des Gottesdienstes aufgefallen.

Das liturgische Verhalten bezieht sich auf Ausdruck, also Gestaltung der Kommunikation, und auf Handlung, also Veränderung des Umfelds. Im Anschluß an Sequeira[5] unterscheiden wir Ausdrucksverhalten mit dem ganzen Körper, mit mehreren Körperteilen, mit einem einzigen Körperteil und durch Mimik. Mit dem ganzen Körper gehen und stehen wir (Bewegung führt zur Haltung), verbeugen wir uns und verharren in gebeugter Haltung, knien wir nieder und verweilen auf den Knien, legen wir uns hin und liegen (Prostration), setzen wir uns hin und sitzen.

Wenn wir uns bekreuzigen, sind bereits mehrere Körperteile einbezogen: Wir berühren Kopf, Brust und Schultern oder Stirn, Mund und Brust; wenn wir die Gemeinde mit dem Zeichen des Kreuzes segnen, legen wir ihr symbolisch die Hände auf, wenn wir uns beim Bußritual an die Brust schlagen, verwenden wir Hände und Oberkörper.

»Gebärden« eigener Art sind Reden und Singen, an denen vorwiegend Mund und Atmung beteiligt sind. Sie beherrschen das liturgische Geschehen im christlichen Kultus nahezu absolut. Bei folgenden Gebärden ist nur ein einziger Körperteil beteiligt: Neigen des Kopfes, Erheben und Schließen der Augen, Anhauchen, Kuß.

Die meisten Ausdrucksgebärden werden mit den Händen vollzogen, als Segens- und Gebetsgebärden (Hände erheben, Kreuz schlagen, Hände auflegen, ausbreiten, in die Hände klatschen usw.). Durch kleine Gesten mit den Händen werden der Gemeinde oft Verhaltenshilfen gegeben.

Lachen, Weinen, Klagen, Jubeln und Jauchzen sind als mimetisches Ausdrucksverhalten, das auch kultische Bedeutung gewonnen hat, eigens zu erwähnen.

Handlungen, die nicht nur dem, vielleicht sogar ausschließlich symbolischen, Ausdruck dienen, sondern konkrete Veränderungen des liturgischen Umfeldes, freilich wiederum zum Zweck symbolischen und transzendierenden Verhaltens, zum Ziel haben, sind: das Anlegen der liturgischen Gewänder, Decken des Altars mit den Paramenten und Vasa sacra, das Hantieren mit den Elementen und deren Austeilung, Tragen des Evangelienbuchs, Auflegen der Hände (z.B. Konfirmation und Trauung).

Eine Reihe von Gebärden sind sowohl ausdrucks- als auch handlungsbezogen, z.B. das liturgische Schreiten, das ein zweckmäßiger Vorgang, um die Stufen zum Altar oder zur Kanzel zu besteigen, und zugleich ein symbolischer Ausdruck ist.

Wichtig scheint mir die Beobachtung, daß alle Verhaltensweisen in ihrem Bedeutungs- und Erlebniswert situations- und zeitbedingt sind. Ob »unten« die Tiefe oder die Hölle oder beides lokalisiert und bei entsprechenden Bewegungen assoziiert wird, steht nicht ein für allemal fest, sondern ist gesellschaftsbedingt und kulturspezifisch verschieden. Dadurch kommt es, daß in traditionsreichen Religionen sowohl die Kultsprache als auch die dazugehörigen Gebärden oft anderes bedeuten als im Alltag der Gläubigen.

Das hat den Vorteil der Dignität des Althergebrachten, die den Unterschied zwischen säkularer und profaner Dimension des Erlebens markiert – das Heilige wird in alten, oft fremd gewordenen, Sprachen, Gewändern und Gebärden gefeiert, ja das Alte, die Tradition, wird selbst zum Symbol des Heiligen und als solches zelebriert – aber es hat auch den Nachteil mangelnder Verständlichkeit oder sogar des Mißverständnisses, das oft in Gesetzlichkeit und Formalismus entartet. (Daher ist immer wieder die Tendenz zu beobachten, das Alte zu reformieren, alte Sprachen, Rituale usw. abzuräumen und durch neue, verständliche Ausdrucksformen, bis hin zu modernen Bibelübersetzungen, zu ersetzen; das führt wiederum zu einer mangelnden Unterscheidung von sakraler und profaner Sphäre.)

Zeichen und Elemente

Nachdem Haltungen und Posen einerseits, Gesten und Gebärden andererseits kategorial unterschieden und notiert sind, ist auch an jene Zeichen und Elemente zu erinnern, die u.a. durch Erhebung (Elevation), Vorzeigen und Darbringen (einschließlich der Austeilung des Abendmahls), Beleuchtung und Beweihräucherung, Besprengung mit Wasser und Aufbewahrung in besonderen Gefäßen, durch Ausstellung (etwa auf dem Altar: Erntedank) und durch den heiligen Gebrauch sakrale Bedeutung und religiösen Hinweischarakter erhalten. Gedacht ist hier z.B. an das Vortragekreuz, das Evangelienbuch, heilige Bilder und Kirchenschmuck. Besonders zu nennen sind: Wasser, das Symbol der Taufe, des Eingangs in das Leben und in die Kirche; Brot und Wein als Symbol für Fleisch und Blut Christi, aber auch schlechthin des Menschen und des Lammes[6]; Opfergaben (Naturalien und Geld), Kerzen als Symbol des Feuers und des Lichtes, Rauch als Zeichen des aufsteigenden Dank- und Bittgebetes, aber auch der in die Höhe gerichteten Herzen (Sursum corda), dankbare Konsequenz der Gabe des Feuers, das der Mensch nun selber entzünden kann; Öl, Symbol für die Gabe der Medizin (Krankensalbung) und der Heilung, aber auch der Heiligung und Erwählung (alte Tradition der Salbung von Königen etc.); Erde, das Zeichen unserer irdischen Substanz (dreifacher Erdaufwurf am Grabe: »Von Erde bist du genommen...«), schließlich Blumen und Früchte, Symbol für die Schönheit und Fruchtbarkeit der Schöpfung, für Freude und Dankbarkeit, aber auch für Vergänglichkeit.

Diese Auflistung ist selbstverständlich in vielfacher Hinsicht zu erweitern und zu ergänzen.

V.
Wir feiern Gottesdienst

Das Erprobte und Reflektierte soll nun ein erstes Mal »am Ernstfall getestet« werden. Wir bereiten den Abschlußgottesdienst des Seminars vor. Die Diskussion, ob Agende I der VELKD (1954/55), Lima-Liturgie (1982), »Die eucharistische Feier« von Karl Bernhard Ritter (1961) oder die Erneuerte Agende (Vorentwurf 1990) zugrunde gelegt werden sollen, ergibt: Wir halten uns prinzipiell noch an die bewährte Agende I der VELKD, weil sie den meisten SeminarteilnehmerInnen vertraut ist oder doch geeignet erscheint, ihnen auch für die Praxis der eigenen Landeskirche ausreichend Hilfe zu bieten. Der folgende Ablauf des Gottesdienstes ist für den Zweck dieses Buches freilich überarbeitet. Dabei wurde die Erneuerte Agende einbezogen. Vor allem die Rittersche Agende zeichnet sich durch liebevoll gestaltete Rubriken aus, die eine große Hilfe beim Liturgieren darstellen und deshalb den LeserInnen eigens empfohlen seien.

Die Seminargruppe trifft sich zweimal, um Agenden zu studieren, die einzelnen Phasen der Gottesdienstgestaltung abzusprechen, Aufgaben zu verteilen und den Ablauf zu üben. Dabei geht sie davon aus, daß dies nicht nötig wäre, kämen die einzelnen TeilnehmerInnen nicht aus verschiedenen Lokaltraditionen und hätten sie bereits seit Kindergottesdienst-Tagen eine über den Wortgottesdienst hinausreichende gemeinsame Grundform kennenlernen können. Dieses Anliegen der Erneuerten Agende wird deshalb von allen ausdrücklich begrüßt.

Das Selbstverständnis der Erneuerten Agende, das viel diskutiert worden ist und auch im Seminar ein lebhaftes Gespräch ausgelöst hat, kann mit Harvey Cox (1969!) so formuliert werden: »...beinahe eine Umkehrung der herkömmlichen Vorstellung vom Ritual: man soll es nicht als

Inhalt betrachten, dem der Mensch zuzustimmen hat, sondern als eine Struktur, in der er in freier Weise operieren und sich bewegen kann. Das Ritual soll den Menschen zu festlicher Phantasie verzaubern...«[1]. Das ist auch das Liturgieverständnis des Autors, der deshalb allen stärker auf doktrinäre Inhalte bezogenen liturgischen Experimenten eher skeptisch gegenübersteht. Die traditionelle Struktur ist meist weniger moralistisch und ästhetisch überzeugender. Noch einmal Cox: »Dennoch könnte uns ein bißchen Leidenschaft für das Mittelalter nicht schaden.«[2]

Der Aufbau des zu feiernden Gottesdienstes sieht folgendermaßen aus:

1. Glocken, Sakristeigebet
2. a) Aufstellung, b) Einzug der Altardiener mit Kantor: Psalm, Gebet. c) Begrüßung, Abkündigungen (Diakon), d) Orgelspiel, Einzug
3. EKG 124/Evangelisches Gesangbuch = EG 156 (vor dem Altar vom Zelebranten anzustimmen)
4. Confiteor
5. (Psalm-)Lied
6. Gloria Patri
7. Kyrie
8. Gloria in excelsis mit Laudamus Te (oder EKG 131,1/ EG 179)
9. Salutation, Kollektengebet
10. Epistel mit Halleluja (Die Lesung, über die nicht gepredigt wird, übernimmt der Diakon), Predigt: je nach Reihe der Predigttexte hier oder nach dem Evangelium
11. Graduale
12. Evangelium mit Lob sei dir... (Predigt s.o.)
13. Credo (Diakon)
14. Offertorium: Opfert Gott Dank... (Diakon)
15. Lied

[16. Gabenprozession]

17. Erkennet euch in dem Herrn... (Diakon)
18. Friedensgruß
19. Da wir hier versammelt sind... (Diakon)
20. Gabengebet

21. Kanon:
    Dialog
    Präfation
    Sanctus (Gde.)
    Epiklese
    Verba Testamenti (Konsekration)
    Anamnese
    Vaterunser (Gde.)
    Das Heilige den Heiligen
22. Agnus Dei (Gde.)
23. Herr, ich bin nicht wert... (Diakon)
24. Austeilung (mit Einladung)
25. Danket dem Herrn... (Diakon)
26. Dankgebet und Fürbitten
[27. Wort der Sendung]
28. Liedstrophe
29. Friedenswunsch (Gde.: Gott sei ewiglich Dank!)
30. Segen
31. [Auszug] Orgel

Die Vorbereitung des Kirchenraums

Die *Lieder* werden angesteckt.

Der *Altar* wird gedeckt: weiße Altardecke, Antependium in der Farbe der Zeit des Kirchenjahres (Propriumsfarbe übereinstimmend mit der der Antependien des Lesepults und der Kanzel), Altarleuchter und Altarkreuz; flaches Lesepult (Tischpult) in der Mitte des Altars für die Agende. An deren für diesen Gottesdienst relevanten Stellen werden die Lesezeichen (Bänder in den liturgischen Farben) eingelegt, so daß man mit ihrer Hilfe sofort umblättern kann (schräg übereinander auf der rechten Seite des Buches, nicht etwa alle unten in der Mitte am Buchrücken). Die Agende wird vor Beginn des Gottesdienstes aufgelegt, nicht erst vom Liturgen beim Einzug mit einem ganzen wissenschaftlichen Apparat weiterer Bücher unter dem Arm (Scheinsymbol der Gelehrsamkeit?) hereingetragen. Links und rechts des Agendenpults werden Corporalia (Leibtücher)[3] aufgelegt, auf die auf der Brotseite Pyxis, Ciborium und Patene, auf der Weinseite Kanne und Kelch gestellt und jeweils mit einem Velum (weiß oder in der Propriumsfarbe gehaltenes Tuch) verhüllt werden.

Man kann die Abendmahlsgeräte auch auf einem Seitentischchen (sogenannter *Kredenztisch*) auf der Epistelseite oder an einem anderen Ort in der Kirche, etwa einem *Seitenaltar* oder einem Tisch am Portal gegenüber dem Altar, bereitstellen, um sie erst während des Offertoriums (Lied und darauffolgendes Gebet) entweder durch den Küster, die Ministranten, Kirchenvorsteher oder andere Gemeindeglieder, vielleicht sogar durch alle Altardiener gemeinsam in festlicher Prozession zum Altar zu bringen. Auf diesem oder einem weiteren Seitentisch haben auch etwaige Reinigungsgeräte für den Kelch ihren Platz. Bei der Kommunion mit Einzelkelchen erweisen sich Kredenztischchen ohnehin als praktisch. Der *Blumenschmuck* wird so angeordnet, daß er gut sichtbar ist, aber beim Hantieren mit Agende und Abendmahlsgeräten nicht stört. Auf das *Lesepult* (die Lesepulte, Ambonen) wird das Lektionar gebracht und an der richtigen Stelle bereits aufgeschlagen. Unter das Lektionar kann schon jetzt die Predigtgliederung gelegt werden, falls nicht die Kanzel benützt wird. Ist der Predigttext nicht in einem Lektionar enthalten, ist die Bibel mit dem aufgeschlagenen und durch ein Lesezeichen markierten Text nicht zu vergessen und schon jetzt bereitzulegen. Das Abkündbuch oder ein Zettel mit den anzusagenden Notizen liegt neben oder auf dem Lektionar (bei zwei Ambonen auf der Epistelseite) und wird nach Gebrauch in das Fach unter der Pultfläche gesteckt. Sollten die Abkündigungen erst nach den Lesungen und der Predigt erfolgen, wird das Abkündbuch vor Beginn in das Pultfach gelegt, dem es später entnommen werden kann.

Zunächst werden die liturgischen *Gewänder* bereitgelegt: entweder schwarzer Chorrock (Preußen-Talar) und Beffchen (und/oder Stola in der Propriumsfarbe) oder Albe bzw. Tunika (Mantelalbe) mit Stola und, falls vorhanden, Kasel: Ist die Kasel weiß, wird die Stola darüber getragen, hat sie selbst die Propriumsfarbe, liegt die Stola darunter. Die Stola entspricht im übrigen in etwa auch dem jüdischen Gebetsschal und gilt heute als ökumenische Minimalkennzeichnung der ordinierten und amtierenden LiturgInnen. Ein ökumenisch weit verbreiteter Kompromiß ist die Kombination des schwarzen Talars (Schaube oder Soutane) mit einem weißen Chorhemd und darübergelegter Stola. Die Stola ist das ökumenische Zeichen der Ordinierten, die anderen AltardienerInnen tragen Dalmatik oder Chormantel bzw. Chorrock und Chorhemden. Bei besonders festlichen Gelegenheiten kann über der Albe das Pluviale (auch »Rauchmantel« genannt) getragen werden, ein weiter, oft reichhaltig verzierter Umhang, der vorne mit einer Schließe zusammengehalten wird. Findet ein Teil des Gottesdienstes oder der Einzug bzw. Auszug im Freien statt, wird das Barett getragen.

Wir achten darauf, daß die zivile Kleidung der LiturgInnen, insofern sie unter der liturgischen Gewandung zu sehen ist, also vor allem Schuhe, Strümpfe und Hosen, von Form und Farbe her mit der liturgischen zusammenpaßt.

Beim Anlegen der liturgischen Kleidung können auf den symbolischen Charakter der einzelnen Gewänder bezogene kurze *Gebete* gesprochen werden, z.B. beim Anlegen der Albe, des weißen Kleides der Getauften, Psalm 51,3 und 9: »Gott, sei mir gnädig nach deiner Güte und tilge meine Sünden nach deiner großen Barmherzigkeit... Entsündige mich... daß ich rein werde, wasche mich, daß ich schneeweiß werde.« Oder auch einfach Psalm 51, 12: »Schaffe in mir, Gott, ein reines Herz und gib mir einen neuen gewissen Geist.« Dieser Satz mag auch zu Beginn des ganzen Einkleidevorgangs genügen und entspricht dem kurzen stillen Gebet der GottesdienstbesucherInnen, bevor sie ihren Platz im Kirchenschiff einnehmen.

Nach dem Ankleiden ist oft eine letzte *Absprache* der liturgischen Protagonisten, also zwischen PfarrerInnen, KüsterIn, KantorIn, DiakonIn und MinistrantInnen, HelferInnen aller Art (LektorInnen u.ä.) erforderlich.

Dann – inzwischen haben die *Glocken* zu läuten begonnen – entzündet einer eine *Kerze* auf dem Sakristeialtar oder in der Gebetsnische, und alle beten das *Sakristeigebet*. Die Kerze brennt während des Gottesdienstes weiter und wird erst nach dem Schlußgebet, das wiederum in der Sakristei gebetet wird, gelöscht. An dieser Kerze werden *zwei weitere Kerzen* entzündet, die beim folgenden Einzug zum Gottesdienst mitgeführt und zum Entzünden der Altarkerzen wie auch zur Begleitung des Evangelienbuches verwendet werden.

Der Eingangsteil

Nach dem Gebet ordnet sich die Gruppe zum *Einzug* in das Kirchenschiff: Voran geht ein/e KreuzträgerIn, dann kommen evtl. Kinder und Jugendliche, KirchenvorsteherInnen, KantorIn (K.) und AltardienerInnen, zuletzt PredigerIn und HauptzelebrantIn (P., der/die später die Abendmahlsliturgie singt). Nimmt ein Bischof/eine Bischöfin oder nehmen gar mehrere BischöfInnen teil, gehen sie zum Schluß.

Das Prinzip ist einfach und folgt zwei Gesichtspunkten, einem dramaturgisch-repräsentativen und einem theologischen: Die einziehenden Personen repräsentieren das wandernde Gottesvolk, die Hirten gehen hinter der Herde bzw. die RepräsentantInnen des Zentralereignisses, das in der Eucharistie dargestellt wird, symbolisieren eine Steigerung des religiösen Dramas, das vom Eintritt in die Kirche bis zum Dienst am Altar, von der Taufe bis zum eschatologischen Fest abläuft. Theologisch wird die dramaturgische Steigerung auch entgegengesetzt interpretiert, z.B. nach Matthäus 23,11: »Der Größte unter euch soll euer Diener sein.« Die Problematik dieser Deutungsversuche liegt auf der Hand. Die psychologische Argumentation ist einleuchtender, weshalb sich in verschiedenen Kulturen auch politische Einzüge ähnlich gestalten: zuerst Repräsentanten der Menge, Kinder, Jugendliche, Frauen und Männer, dann Minister und ähnliche Funktionsträger, zum Schluß Kanzler und Präsident mit Hilfspersonen (früher der Hofstaat).

In manchen Kirchen gibt es die Möglichkeit, aus der Sakristei heraus und um die Kirche herum zum Haupteingang zu ziehen, um von dort aus in die Kirche zu kommen; mancherorts ist keine Sakristei vorhanden, sondern man sammelt sich im Pfarrhaus und zieht von dort zur Kirche.

Bei Hauptgottesdiensten sowie an Festtagen ist eine Zusammenarbeit mehrerer LiturgInnen (im Sinne einer Konzelebration) wünschenswert[4].

Der sogenannte *Ingressus* findet nunmehr entweder am Hauptportal im Rücken der Gemeinde oder bereits im Altarraum, wenn aus der Sakristei direkt dorthin eingezogen wurde, statt: K. stimmt, sobald die Glocken zu läuten aufgehört haben, Antiphon und Psalm an, P. singt ein kurzes Gebet um Segen für diesen Gottesdienst, dann geht eine/r der HelferInnen (KirchenvorsteherIn, Diakonsfunktion) nach vorne, verneigt sich vor dem Altar und tritt an das Epistelpult, ***begrüßt*** die Gemeinde, nennt den Namen des Sonntags im Kirchenjahr, zitiert den Wochenspruch und gibt eine knappe Erläuterung der liturgischen Farbe mit Hinweis auf das Proprium des Tages, dem ja auch der Wochenspruch Ausdruck verleiht[5]. Er/sie verliest die Abkündigungen einschließlich der Zwecke, für die gesammelt werden soll, mit eventuellen Gebetsvoten bei Kasualien und schließt entweder mit einem Segensvotum, woraufhin die Orgel einsetzt oder der Kantor/die Kantorin die Bitte um den Heiligen Geist anstimmt, oder mit der Formel: »Wir erheben uns zur Bitte um den Heiligen Geist.« Der Kantor/die Kantorin stimmt dann an: »Komm, Heiliger Geist...«, die Gemeinde fällt ein, die AltardienerInnen ziehen, indem sie mit der Gemeinde singen, unter Vorantritt des Kreuzträgers/der Kreuzträgerin in den Altarraum. Dort treten sie jeweils zu zweit oder dritt (gelegentlich auch einzeln) gemäß der Ordnung des Einzugs *vor den Altar, verneigen sich* und gehen auf ihren Platz. Erfolgt der Einzug während eines musikalischen Präludiums (Orgel, Posaunenchor o.ä.), so stimmt der Kantor/die Kantorin (oder P.) die Bitte um den Heiligen Geist im Anschluß daran ohne besondere Aufforderungen an die Gemeinde an. Eine/r der PfarrerInnen beginnt entweder vom Platz aus oder vor den Stufen des Altars, an deren Mitte er/sie stehengeblieben ist, während sich die anderen an ihren Platz begeben haben, zur Gemeinde: »Im Namen des Vaters...« Die Gemeinde antwortet: »Amen!«

(Das Amen, es kann nicht oft genug betont werden, ist grundsätzlich und so gut wie immer von der Gemeinde zu sprechen oder zu singen, die freilich darüber informiert werden muß. Selbst nach der Predigt akklamiert *die Gemeinde* mit Amen, wenn der Pfarrer regelmäßig mit einer trinitarischen Formel, Doxologie und/oder mit dem bekannten Friedenswunsch aus Philipper 4,7 ohne Amen geschlossen hat.)

Nach dem trinitarischen Beginn vor den Altarstufen (oder vom Platz von P. aus) folgt ein agendarischer Dialog zwischen PfarrerIn und Gemeinde, der zur Gemeinde gesprochen wird, bis das eigentliche Sündenbekenntnis erfolgt, zu welchem sich die PfarrerIn zum Altar hinwendet, denn sie/er stellt sich als SprecherIn der Gemeinde in eine Reihe mit dieser, Gott gegenüber. Zur *Absolution* wendet sie/er der Gemeinde sich wieder zu. Die *Wendungen* zum Altar bzw. zur Gemeinde erfolgen nach dem Prinzip der Repräsentation: Spricht der Pfarrer/die Pfarrerin zur Gemeinde als deren SprecherIn oder als VerkündigerIn des Wortes Gottes, wendet er/sie sich selbstverständlich der Gemeinde zu, spricht er/sie im Namen der Gemeinde zu Gott, wendet er/sie sich entsprechend uralter Tradition nach Osten, »gen Jerusalem«, der aufgehenden Sonne des Christus entgegen, und reiht sich in die so orientierte[6] Gesamtgemeinde ein. Werden, wie etwa bei der Litanei, einzelne Bitten der Gemeinde vorgetragen, spricht wer immer sie vorträgt diese zur Gemeinde und wendet sich nicht bei jedem »Herr, erbarme dich« oder »Kyrie eleison« zum Altar. Die Wendung erfolgt dann zum zusammenfassenden Gebetsabschluß, etwa: »Nimm dich unser gnädig an, rette und erhalte uns...« Grundsätzlich gilt: Gott wird als Gegenüber gedacht, auch wenn er »in, um und über uns«, »alles in allem« ist. Das Gegenüber von Schöpfer und Geschöpf, Gottheit und Menschheit, das damit ausgedrückt wird, bleibt theologisch für jede Art von Religion konstitutiv.

Die Hinwendungen zum Altar bzw. nach Osten (oder jedenfalls in ein und dieselbe Richtung wie die Gemeinde) bedeuten keinen Gang zum Altar: Darstellungsort des Wortgottesdienstes sind der Sitzplatz von P. (und den HelferInnen) und die Ambonen bzw. die Kanzel.

Beim Sündenbekenntnis kann die Geste der Selbstbezichtigung durch ein- bis dreimaliges Schlagen mit geballter Faust an die eigene Brust ausgeführt werden. Sie erfolgt während der Worte »meine (unsere) Schuld, meine Schuld, meine große Schuld«; fehlt das Wort »Schuld«, so kann diese Geste auch bei »Gedanken, Worten und Werken« oder einer ähnlichen Formulierung ausgeführt werden.

Hat das Confiteor vor den Altarstufen stattgefunden, geht der Liturg/die Liturgin jetzt zu seinem/ihrem Sitzplatz.

Nun singt die Gemeinde das *Eingangslied,* das an die Stelle des alten *Introituspsalms* getreten und deshalb in der Reformationszeit stets ein Psalmlied gewesen ist, weshalb seine letzte Strophe ursprünglich regelmäßig ein *Gloria patri* enthielt. Beim Singen sollte die Gemeinde grundsätzlich stehen, wie es im angelsächsischen Raum heute noch üblich ist. Das entspricht, ganz abgesehen von theologischen und psychologischen Gründen[7], einer physiologischen Notwendigkeit beim Atmen und befreit die Gemeinde von allzu langem Sitzenmüssen. Der *Psalm* ist grundsätzlich ein Gebet und keine Schriftlesung, wird daher, falls er zusätzlich zum Lied vorgesehen ist, am und zum Altar gesprochen. Enthält er allerdings längere Passagen, die die Gemeinde anreden, ist es sinnvoll, sich der Gemeinde zuzuwenden. Schließt das Eingangslied nicht mit dem »Ehr' sei dem Vater und dem Sohn« oder wird im Anschluß daran noch ein Introituspsalm mit *Antiphon* im Wechselgesang gebetet, so folgt, außer in der Passionszeit, nun das Gloria patri (bei mehreren Psalmen nach jedem Psalm), das der Liturg/die Liturgin vom Platz aus, aber dem Altar zugewandt, anstimmt. Darauf singt K. oder der Chor das *Kyrie,* eventuell im Wechsel mit der Gemeinde (z.B. als Straßburger Kyrie), dem das Gloria in excelsis (»Ehre sei Gott in der Höhe...«) mit dem *Gloria-*

Lied (EKG 131,1/EG 179) oder, an Festtagen, dem *»Großen Gloria«* (»Wir loben dich«) folgt. In den stillen Zeiten des Advent und der Passion sowie am Buß- und Bettag und bei ähnlichen Gelegenheiten entfallen das Gloria und das Gloria-Lied. Damit ist der Eingangsteil (Ingressus), der in den Gottesdienst eingestimmt hat, abgeschlossen.

Der Wort- oder Verkündigungsteil

Es folgt der zweite Teil des Gottesdienstes, auch »Wortteil« oder »Wortgottesdienst« genannt. Er beginnt wiederum mit einem Gruß, eventuell tritt ein neuer Liturg/eine neue Liturgin vor den Altar oder grüßt die Gemeinde vom Seitenplatz aus, stets jedoch ihr zugewandt: »Der Herr sei mit euch...« Beim Gruß hält P. die Hände seitlich etwas ausgebreitet und geöffnet, bei der Antwort der Gemeinde schließt er/sie diese wieder und verneigt sich leicht. Nach der Aufforderung zum Gebet (»Lasset uns beten!«) folgt die Wendung zum Altar mit dem sogenannten Kollektengebet (Propriums- oder Tagesgebet), das den Charakter des Sonntags (Wochenspruch etc.) in einem Satz zusammenfaßt oder einen pointierten Hinweis auf den Tenor der Predigt enthält.

Das *Kollektengebet* kann als Zusammenfassung des ersten Teils oder als Eröffnung des zweiten, des Verkündigungs- oder Evangeliumsteils, verstanden werden. Die Salutation ist das eine Mal als eine Art Verabschiedung des Liturgen/der Liturgin, der/die den Eröffnungsteil geleitet hat, das andere Mal als Gruß des Leiters/der Leiterin des Wortteils zu verstehen.

Die *Lesungen* sind dreifacher Art: Gott der Schöpfer hat sich im Alten Bund offenbart; davon gibt die alttestamentliche Lesung Zeugnis; Gott der Erlöser spricht zu uns im Evangelium; und Gott der Heilige Geist hat seine Gemeinde begleitet im Zeugnis der Apostel, wie es in den Episteln, aber auch in Bekenntnisschriften und vergleichbaren Texten zu uns redet. Soll gekürzt werden, entfallen alttestamentliche und/oder Epistellesung, nie jedoch das Evangelium, weil es seit alters in besonderer Weise die Stimme Jesu Christi symbolisiert.

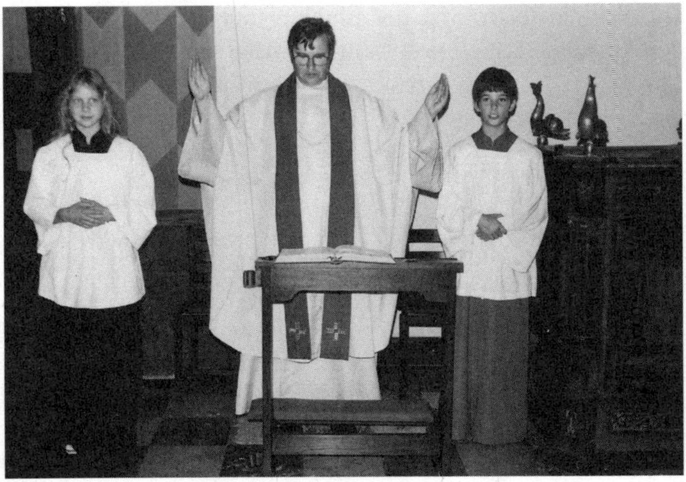

Kollektengebet, hier vom Sitz des Liturgen aus

Die Lesungen erfolgen vom Pult bzw. von den Pulten (Ambonen) aus. Ist kein Pult vorhanden, übergibt P. Lektionar oder Bibel dem Lektor/der Lektorin vom Altar aus, wo das Buch gelegen hat, und der Lektor/die Lektorin liest von der Epistel- oder Evangelienseite aus den entsprechenden Text. Die Verlesung wird agendarisch angekündigt. Steht P. am Altar, wendet sie/er sich dem Lektor/der Lektorin zu. Nach der 1. Lesung singt die Gemeinde das Halleluja, das K. anstimmt und das sinngemäß als Antwort zur alttestamentlichen Lesung gehört. Es folgt die Epistel, die nicht von derselben Person, die schon die alttestamentliche Lesung vorgetragen hat, gelesen werden muß. Sie wird mit dem Graduallied (Wochenlied)[8] beantwortet. Bei nur zwei Lesungen entfällt die alttestamentliche zugunsten der Epistellesung, die dann mit dem Halleluja beantwortet wird. In den stillen Zeiten des Kirchenjahrs entfällt das Halleluja (wie das Gloria, s.o.). Wird über die Epistel gepredigt, schließt sich sogleich die Predigt von Pult oder Kanzel aus an. Eine *Liedstrophe* gibt der Gemeinde Gelegenheit, auf das Gehörte ausatmend zu reagieren.

Es folgen die zweite und/oder dritte Lesung, Epistel und/oder *Evangelium*. Letzteres wird als Lesung besonders herausgehoben

– durch eine Verneigung dessen, der das Evangelium verliest, vor dem Altar mit dem Gebet aus Psalm 51,17: »Herr, tue meine Lippen auf, daß mein Mund deinen Ruhm verkündige« o.ä.,

– durch einen Lesesegen, den Lektor oder Lektorin vor dem Sitz von P. stehend empfängt: »Der Herr öffne dein Herz und deine Lippen, daß dein Mund seinen Ruhm verkündige« o.ä. (vgl. Agenden). Dabei segnet P. den Lektor/die Lektorin mit dem Zeichen des Kreuzes,

– durch Lichtträger, die die Lektorin/den Lektor von ihrem/seinem Sitz abholen und flankieren,

– durch die Antworten der Gemeinde auf die Ankündigung und Verlesung des Evangeliums (»Ehre sei dir, Herre«, »Lob sei dir, o Christe«),

– durch nochmalige Verneigung der Lektorin/des Lektors vor dem Altar vor der Rückkehr zu ihrem/seinem Platz.

Wird über das Evangelium gepredigt, erfolgt die *Predigt* unmittelbar nach dem Lobruf der Gemeinde, wenn nicht eine Liedstrophe dazwischengeschaltet wird. P. tritt an das Pult bzw. auf die Kanzel. Die Predigt kann mit einem Gebet oder biblischen Votum eröffnet werden, etwa Psalm 51,17. Die Predigt schließt stets mit dem sogenannten Kanzelsegen, einem biblischen Segensvotum, z.B. Philipper 4,7, und dem Amen der Gemeinde. P. begibt sich danach zum Altar.

Auf die Predigt folgt das *Credo* als Antwort der Gemeinde. Wird es gesungen, intoniert K. (oder P.) die erste Zeile, z.B.: »Wir glauben all an einen Gott...«, und die Gemeinde fällt ein: »Schöpfer Himmels und der Erden...« Wird es gesprochen, beginnt P. am Altar und nach Osten bzw. mit der Gemeinde zum Altar gewendet: »Ich glaube an Gott, den Vater...«, und die Gemeinde fällt ein: »...den Allmächtigen...«

An Festtagen wird das *Nicaenum* gesprochen, es soll von der Gemeinde mitgesprochen werden. Sie bedarf eines Hinweises auf die Stelle im Gesangbuch, wo es zu finden ist, am besten schon bei der Begrüßung.

Alle gemeinschaftlich gesprochenen Gebete bedürfen eines klaren Rhythmus', der in den Agenden und Gesangbüchern meist auch gekennzeichnet ist und von einer sprechenden Gemeinde ohnehin gefunden wird, wenn der/die VorbeterIn sie läßt und nicht durch allzu rasches Tempo ihr davoneilt. Es ist also einerseits wichtig, daß das Gebet durch Vorsprechen laut und bis zum Ende geleitet wird, andererseits dabei der Kontakt zur sprechenden Gruppe der Gemeinde, die ihren eigenen Rhythmus findet, nicht verlorengeht.

Das Dankopfer

Zwischen Wort- und Sakramentsteil des Gottesdienstes steht das *Offertorium*[9], das einerseits den Dank der Gemeinde durch Gebet und Einsammeln der Gaben zum Ausdruck bringt, andererseits auf Christi Opfer hinweist. Es kann mit dem *Friedensgruß* zur Gemeinde hin eröffnet werden. Dazu begibt sich P. an den Altar, den hauptsächlichen Darstellungsort des Sakramentsteils. Danach folgt ein geeignetes Lied, währenddessen die Gaben gesammelt und P. übergeben werden, der/die sie mit einem kurzen Segensgebet auf den Altar legt. Während des Liedes zünden KüsterIn oder andere HelferInnen mindestens zwei weitere Kerzen rechts und links des Altars an, die am Ende der Austeilung wieder gelöscht werden. Während des Liedes kann P. die Hände waschen. Er tritt dazu auf die Epistelseite des Altars, die HelferInnen bringen von einem der Kredenztischchen ein Kännchen mit Wasser zum Übergießen der Hände, eine Schale zum Darunterhalten und ein Handtuch. P. betet dazu: »Wasche du mich, Herr, daß ich mit reinen Händen in deinem Heiligtum diene. Amen.« Dann werden die Abendmahlsgefäße enthüllt und vorbereitet (s.u.). Danach fordert P. die Gemeinde auf: »Lasset uns beten!« und betet mit ausgebreiteten Armen und darbringenden Händen das *Gabengebet* nach der Agende, währenddessen er/sie Kelch und Patene erhebt und bei den entsprechenden Worten wieder auf den Altar setzt. So kommt im Offertorium symbolisch zur Darstellung, daß wir alles, was wir zum Leben brauchen, repräsentiert durch Speise und Trank, aus Gottes Hand nicht nur empfangen, sondern ihm letztlich auch wieder zurückgeben – »weihen« – indem wir es in seinem Namen gebrauchen.

Das Offertorium schließt den Verkündigungsteil ab und schafft als Antwort auf die Anrede Gottes zugleich den Übergang zum Heiligen Mahl, in welchem menschliche und göttliche Gaben als Einheit verstanden werden – analog zur Glaubensvorstellung der Inkarnation.

Der Sakramentsteil, die Eucharistie

Der dritte Teil des Gottesdienstes, das Abendmahl bzw. die Eucharistie, beginnt mit einem neuerlichen *Gruß*, der besonders sinnvoll wirkt, wenn eine neue MitarbeiterIn aus dem Kreise der Altardiener dieses Tages an den *Altar* tritt. (Ursprünglich hatte der Gruß wohl auch deshalb hier seinen Platz, weil die Katechumenen nach dem Wortgottesdienst entlassen und für die Eucharistiefeier neu hinzugekommene Getaufte begrüßt wurden.) Es folgt der sogenannte *Dialog* zwischen P. und der Gemeinde, wobei P. selbstverständlich und sinngemäß dieser zugewandt ist. Zur *Präfation*[10] wendet sich P. zum Altar und singt dieses große doxologische Gebet. Es folgen *Sanctus*, *Epiklese*[11], *Einsetzungsworte* und *Anamnese*[12]. Während des Sanctus bleibt P. zum Altar gewandt und bereitet, wenn dies nicht bereits während des Offertoriums geschehen ist, die Elemente vor: Vela abnehmen und geordnet auf den Altar legen, Pyxis und Ciborium öffnen, Hostien für mindestens eine Altarrunde auf die Patene legen (evtl. große Hostie oben auf die übrigen Hostien bereitlegen, damit sie an geeigneter Stelle – Agende! – gezeigt und gebrochen werden kann), Wein in die Kelche gießen, Ciborium und Kanne während der Abendmahlsgebete geöffnet lassen – zum Zeichen dafür, daß die Elemente der Natur, von denen wir leben, das tägliche Brot und Getränk, als menschliches Fleisch und Blut wie als Repräsentanz des

»Erstlings derer, die da schlafen« offen sind für, ja in Kontakt stehen mit ihrem Schöpfer, der sie segnet und dessen Segen wir auf sie herabflehen. Wir – das, was wir essen, und das, was wir sind – sind offen für dich, Herr, und leben von dir, Gott.

Die *Präfation* wird mit nach oben geöffneten Armen gebetet. Beim Sanctus beugt sich P. als Zeichen der Huldigung gegenüber der im Trishagion von den Engeln, in deren Gesang wir einstimmen, gepriesenen Herrlichkeit Gottes und gegenüber dem einziehenden Christus nach vorne. Die übrigen AltardienerInnen stehen hinter ihm/ihr auf den Altarstufen, so daß eine Art Pyramide entsteht. (Zugrunde liegt die archaische Vorstellung einer himmlischen Hierarchie, die sich auf Erden fortsetzt. Diese Vorstellung darf keineswegs fundamentalistisch, also im Literalsinn, mißverstanden und gegen ein demokratisches Gemeindeverständnis ausgespielt werden.) Am Ende des Sanctus kehren die AltarhelferInnen an ihren Ort zurück.

Die *Epiklese* wird mit nach oben geöffneten Armen und/oder Händen gebetet. Ihr schließen sich unmittelbar die *Einsetzungsworte* an. Bei den entsprechenden Worten, die

Epiklese

in den Agenden wie alle anderen Stellen, an denen ein *Kreuz* zu schlagen ist, gekennzeichnet sind, werden Patene oder Kelch mit dem *Zeichen des Kreuzes* gesegnet und *erhoben* (Elevation). Die Elevation, von Luther ausdrücklich beibehalten[13], erfolgt mit Brotkelch (Ciborium) oder großer Hostie und Weinkelch *jeweils* nach »zu meinem Gedächtnis«. Die Vasa sacra werden jeweils mit einer Hand unterhalb des Kelchfußes gestützt, mit der anderen am Kelchschaft gefaßt und so weit emporgehoben, daß der Kelchfuß etwa in Augenhöhe gerät und die Cuppa (oberer Teil des Kelchs) noch über den Kopf hinausreicht; die große Hostie wird ggf. auch möglichst hoch gehoben, so daß sie zu sehen ist. Man kann die Hostie auch über den Weinkelch halten und beide nach Beendigung der Einsetzungsworte zusammen erheben. Dies kann ferner der Gemeinde zugewandt bei »Geheimnis des Glaubens« oder erst bei »Das Heilige den Heiligen« geschehen.

Ist eine größere Brech-Hostie vorhanden, kann diese bei »und brach's« zweimal gebrochen werden. Die so entstandenen Stücke werden nachher mit ausgeteilt. (Soll die Hostie vor der Austeilung gezeigt werden – s.u. – muß sie frei-

Anamnese

lich noch erhalten bleiben und wird erst während des Agnus Dei gebrochen.) Danach singt P. den Bekenntnisruf *»Geheimnis des Glaubens!«* und die Gemeinde antwortet. Es folgt die *Anamnese,* von P. mit seitlich ausgebreiteten Armen, das Zeichen des Kreuzes andeutend, gebetet. Bei der Schlußdoxologie beginnt das *Glockengeläut* für das folgende *Vaterunser,* das entweder von P. allein gesungen oder von der ganzen Gemeinde gesprochen bzw. gesungen werden kann. Das Vaterunser wird ohne Einleitung von P. zum Altar hin angestimmt, die Gemeinde fällt ein. Wird das Vaterunser von P. oder einem anderen Vorbeter bzw. einer anderen Vorbeterin allein gesungen oder gesprochen, fällt die Gemeinde jedenfalls in die Schlußdoxologie ein: »...Denn dein ist das Reich...«

Danach singt P. der Gemeinde zu: *»Das Heilige den Heiligen!«* Dabei zeigt er/sie eventuell der Gemeinde den Kelch und die darüber gehaltene große Hostie (die für diesen Fall, s.o., während der Einsetzungsworte noch nicht gebrochen werden durfte). Die Gemeinde antwortet: »Einer ist heilig, einer ist Herr, Jesus Christus, zur Ehre Gottes des Vaters. Amen.« P. stellt den Kelch zurück auf den Altar, bricht die Hostie und legt sie auf die Patene. Das Brechen der Hostie kann auch während des Agnus Dei geschehen.

Hier kann die Aufforderung zum *Zeichen des Friedens* erfolgen. Ihre Voraussetzung ist der Friede des Herrn, der uns gegeben ist. Daher segnet P. zunächst die Gemeinde mit dem Friedensgruß. Diese antwortet: »Friede sei mit dir!« oder: »Und mit deinem Geist!« P.: »Gebt einander ein Zeichen des Friedens und der Versöhnung!« P. geht auf die ihm/ihr am nächsten stehenden AltardienerInnen zu und gibt ihnen das Zeichen des Friedens (Umarmung, Händeschütteln oder eventuell Kuß) mit dem Votum: »Friede sei mit dir!« Nachdem die AltardienerInnen untereinander dieses Zeichen ausgetauscht haben, gehen sie die Bankreihen entlang und geben Zeichen und Begleitwort weiter. In einem Seminargottesdienst geschieht dieses Ritual äußerst herzlich und persönlich, im Gemeindegottesdienst wirkt es zur Zeit und in unseren Breiten eher verkrampft, manchmal auch unaufrichtig und unecht.

Es folgt das *Agnus Dei*, meist als Gemeinde- oder Chorgesang. P. bleibt am Altar, weitere HelferInnen für das Austeilen treten ggf. neben ihn/sie. P. oder eine/er der HelferInnen betet (zum Altar gewandt): »*Herr, ich bin nicht wert,* daß du unter mein Dach gehst, aber sprich nur ein Wort, so wird meine Seele gesund.« Die Gemeinde wiederholt das Gebet zweimal. Danach wendet sich P. zur Gemeinde und spricht eine der agendarischen Einladungsformeln, z.B. Psalm 34,9.

Die *Austeilung* selbst kann sehr verschieden erfolgen[14]:

– Altarumgang (Hessen, Brotseite zuerst, Kelchseite dann),

– Austeilung an jeweils eine um den Altar im Halbkreis stehende Gruppe mit Entlassung (»Geht hin in Frieden!«),

– Austeilung an eine Reihe, die an der untersten Stufe zum Chorraum (ehemalige Chorschranken) steht, mit Entlassung,

– Austeilung an die jeweils erste Person einer langen Schlange im Mittelgang ohne Entlassung.

Es ist auch möglich, nach reformierter Sitte Tischgruppen im Altarraum zu bilden oder nach Herrnhuter Art Brot und Wein durch die Sitzreihen zu geben. Weitere Formen der Austeilung sind denkbar, z.B. das Weiterreichen von Brot und Wein in der um den Altar versammelten Runde durch die Kommunikanten selbst.

Während der Austeilung sprechen die Austeilenden entweder bei jeder einzelnen Hostie »Christi Leib für dich gegeben« und bei jedem Darreichen des Kelchs das entsprechende Votum oder sie gehen die Reihe durch, indem sie verschiedene biblische Voten (z.B. Johannes 14,6 oder 15,5) rezitieren, oder sie verwenden andere agendarische Spendeformeln[15].

Die Entlassung wird von P. oder P. und einem/einer der HelferInnen (dann abwechselnd oder gemeinsam) im Sinne eines Friedenswunsches gesprochen (»Geht hin im Frieden!«).

Am Ende der Austeilung kann P. selbst kommunizieren. Er/sie tritt dazu die Altarstufen herunter, und eine/r der HelferInnen reicht ihm/ihr die Elemente und segnet ihn/sie mit dem Zeichen des Kreuzes. Danach geht P. an den Altar zurück und ordnet und verhüllt die Vasa sacra.

Soll *beim Auszug* symbolisch »das Heilige« aus dem Kirchenraum gebracht werden, wie es seit alters in der gesamten Ökumene üblich ist, so wird der Hauptkelch mit der Patene bedeckt und beides mit einem Velum verhüllt. Bevor P. den Altar verläßt, nimmt er/sie diese Vasa sacra und trägt sie beim Auszug in Brusthöhe. Sind mehrere AltardienerInnen vorhanden, können alle Vasa sacra, ggf. sogar das Altarkreuz, beim Auszug mitgenommen werden. P. gibt sie dann den HelferInnen unmittelbar vor dem Auszug, indem er/sie diese (wie bei der Austeilung der Abendmahlselemente) vom Altar aus den HelferInnen reicht. Diese antworten, indem sie die Gegenstände ergreifen, mit einer Verneigung.

P. wendet sich jetzt der Gemeinde zu und ruft die *Aufforderung* zum Dank. Nach der Antwort fordert er zum Gebet auf und wendet sich mit dem *Dankgebet* zum Altar. Daß der Gemeinde das Amen auf die Gebete zusteht, muß sie wissen; sie erkennt den Gebetsschluß an stereotypen Endformulierungen, etwa der üblichen trinitarischen: »...durch unseren Herr Jesus Christus... von Ewigkeit zu Ewigkeit.«

Schluß, Entlassung, Sendung

P. wendet sich zur Gemeinde, kann ein *»Wort der Sendung«* (biblisches Votum, das das Proprium des Tages und der Predigt unterstreicht) sprechen und singt den *Friedensgruß*. Ihm folgt die *Schlußstrophe* bzw. das Schlußlied der Gemeinde. P. bleibt am Altar. Nach dem Lied wendet er sich zur Gemeinde und singt mit erhobenen oder gefalteten Händen den *Segen*, bei dessen letztem Wort (»Frieden«) er das große *Kreuzeszeichen* schlägt. Verwendet er den trinitarischen Segen statt des aaronitischen, erfolgt das Kreuzeszeichen so, daß der senkrechte Balken bei »Vater«, der waagrechte nach links bei »Sohn« und nach rechts zurück bei »Heiliger Geist« zu sehen ist.

Erfolgt statt des Segens ein Gebet um den Segen – etwa in der Wunschform: »Der Herr segne *uns*...« oder als Anrede:

»Herr, segne uns...« – sollte es konsequenterweise zum Altar und mit gefalteten oder nach oben geöffneten Händen gesungen bzw. gesprochen werden.

Auszug

P. übergibt (s.o.) die *Vasa sacra* an die HelferInnen oder ergreift sie selbst und ordnet sich vor den Altarstufen, an die auch die HelferInnen herangetreten sind, in deren Reihe ein. Zwei der HelferInnen *löschen die Altarkerzen,* die *Evangeliumskerzen* werden beim Auszug *brennend* wieder mit hinausgenommen, wie sie beim Einzug mitgebracht worden waren. Alle verneigen sich – stehen sie in einer Reihe, gemeinsam, stehen sie anders angeordnet, jeweils zu zweit oder dritt – nacheinander vor dem Altar und ziehen unter Vorantritt des Kreuzträgers/der Kreuzträgerin aus der Kirche (P. als letzte/r). Die Gemeinde steht beim *Auszug* der AltardienerInnen und schließt sich ihnen an.

In der Sakristei betet P. im Wechsel mit den HelferInnen ein *Schlußgebet,* etwa Ps 103. Danach werden die Evangeliumskerzen und die Sakristeikerzen gelöscht. Die liturgischen Gewänder werden abgelegt. Dabei kann alter Sitte entsprechend analog zum Anlegen der Gewänder gebetet werden. Wie bei jeder Beendigung einer konzentrierten Tätigkeit wird es auch hier jetzt ein erleichtertes Aufatmen geben, welches Dank und die Hoffnung ausdrückt, daß es nicht das letzte Mal war. Entspannung und Fröhlichkeit sind angesagt. Manchmal bleiben alle AltardienerInnen noch zum Essen zusammen.

Unter einem evangelischen Gottesdienstformular, dessen ich mich bei einer Vertretung zu bedienen hatte, las ich: »Finis missae. Halleluja! Post missam cenamus.« Ein fröhlicher und sinnenfroher Geist spricht daraus, der die Symbolhandlung des Gottesdienstes und ihre säkulare Entsprechung fröhlich aufeinander bezieht. Oft findet im Anschluß an den Gottesdienst ein gemeinsames Kaffeetrinken oder gar eine gemeinsame Mahlzeit aller GottesdienstbesucherInnen statt.

VI. Zum Verhalten der Gemeinde

Wir hatten das Verhalten der Gemeinde im Seminar zunächst nicht im Blick, waren doch ausschließlich Studierende versammelt, die lernen wollten, wie sie den Gottesdienst zu leiten bzw. bestimmte Aufgaben darin zu übernehmen und auszuführen hätten. Nachdem der Seminargottesdienst stattgefunden hatte, schien es jedoch an der Zeit, das Verhalten der Gemeinde zu reflektieren und wichtige Beobachtungen wenigstens aufzulisten, denn spätestens bei dieser liturgischen Erfahrung hatte sich ein Teil der Seminargruppe in der Rolle von »Gemeindegliedern« als *Gegenüber* zu den liturgischen Protagonisten befunden (so auch der Verfasser).

Zunächst einmal hatten einige die häufigen »*Regieanweisungen*«, noch dazu in einer fast entschuldigenden Form, in der sie teilweise vorgebracht wurden, gestört: »Darf ich euch bitten, zum Wechselgruß aufzustehen?« »Ich schlage vor, wir singen Lied Nr. ...« Der »Vorschlag« hatte ja gar keine Chance, diskutiert zu werden! Wenn Verhaltenshilfen schon nötig seien, so würden sie am besten im Indikativ formuliert, z.B. »Wir beten«. Die meisten Verhaltensanweisungen seien jedoch überflüssig gewesen. Auch das Austeilen von *Handzetteln* mit der Gottesdienstordnung und den, ohnehin im Gesangbuch vorhandenen, Liedern war umstritten.

Halten wir die *Spielregeln und Verhaltensbräuche der Konvention* fest, die ökumenische Tradition haben und als Basis für gelegentliche Veränderungen sinnvoll erscheinen:

Die Gemeinde betritt den Kirchenraum *still*. Vor Beginn der gemeinsamen Feier ist *Schweigezeit*. Das Gespräch und die allgemeine Spontankommunikation oder auch thematisch gelenkte Kurzdiskussionen in Kleingruppen haben ihren Platz im Vorraum der Kirche, evtl. während besonderer

Gesprächsphasen innerhalb des Wortgottesdienstes, z.B. während oder statt der Predigt, und beim geselligen Zusammensein im Anschluß an den Gottesdienst und an anderem Ort.

Die Gemeinde *erhebt sich* beim Einzug und beim Auszug der liturgischen Protagonisten (»AltardienerInnen«). Da nach unserem Vorschlag die Gemeinde ohnehin weniger sitzt als früher, sollte man sie freilich nicht überfordern, indem man das Stehen bei sämtlichen Liedern verlangt: Glorialied, Credolied und Schlußstrophe/n sollten jedoch immer stehend gesungen werden.

Die Gemeinde *sitzt* im allgemeinen dann, wenn auch die AltardienerInnen sitzen, soweit sie nicht aktiv am Altar zu tun haben, z.B. bei der Gabenbereitung (Offertorium) und bei der Predigt – also immer dann, wenn Ruhen, Hören, passives Geschehenlassen sinnvoll ist, aber auch bei langen Gebeten wie z.B. den Rahmengebeten der Einsetzungsworte (Epiklese, Anamnese).

Die Gemeinde *steht* beim Bekenntnis der Schuld, bei Psalmen (oder Liedern anstelle der Psalmen), gesungenen und gesprochenen kürzeren Gebeten, biblischen Lesungen und beim Credo: Sie »steht dazu«. Im Falle von zwei oder drei Lesungen steht die Gemeinde nur beim Evangelium. Sie erhebt sich bei der Ankündigung zum »Ehre sei dir, Herre« und setzt sich nach dem »Lob sei dir, o Christe«. Sie steht auch bei allen Akklamationen (Amen, Erwiderung des Grußes, Kyrie, Halleluja u.ä.), Gloria patri und Glorialied (sog. Großes Gloria: Gloria in excelsis mit Te Deum durch die Gemeinde); sie steht immer bei den Einsetzungsworten und beim Vaterunser, evtl. auch zum Agnus Dei und beim Empfang von Brot und Wein.

Pastoralpsychologisch nicht uninteressant ist der Wandel des Verhaltens der Kommunikanten beim Empfang der Elemente: War früher die rein passive Entgegennahme üblich (das »Füttern« bzw. »Gefüttertwerden«), so haben der Empfang der Hostie in die geöffneten Hände und das aktive Ergreifen des Kelches zum eigenen Trinken heute stark zugenommen. Der sog. Knicks der Frauen entsprechend zur männlichen Verbeugung wird heute als merkwürdig empfunden und gerne durch Verneigung und Bekreuzigung (beider Geschlechter) ersetzt.

Die Gemeinde kann *knien,* wenn Möglichkeit dazu besteht (Kniebänke oder Kniekissen), zum Schuldbekenntnis (Confiteor) sowie bei allen Absolutionen und Segnungen, also bei allem, was sie empfängt oder dem sie besondere Ehrerbietung und Hingabe erzeigen will. So ist in der Ökumene das Knien z.B. auch während der Stellen des Credo üblich, die die Menschwerdung Christi bezeugen, desgleichen beim Sanctus. Verbreitet ist das Knien im Protestantismus auch bei den Einsetzungsworten und vor allem beim Empfang der Elemente.

Die Gemeinde kann sich *bekreuzigen* beim Eintritt in die Kirche, besonders wenn zum Taufgedächtnis »Weihwasser« angeboten wird, ferner beim Eintritt in die Sitzreihen (als das stille Gebet begleitendes bzw. einleitendes Zeichen), außerdem immer dann, wenn sie gesegnet wird (parallel zum Zeichen des Kreuzes, das ihr vom Altar aus zugeeignet wird, gleichsam als persönliches und aktives Ergreifen), wenn die trinitarische Formel erklingt, beim Hinzutreten zum Tisch des Herrn, nach dem Empfang der Elemente und beim Verlassen des Altarraums (Stellen, an denen auch in den liturgisch zurückhaltenderen Gemeinden noch Verbeugung der Männer und Kniefall oder Knicks der Frauen üblich sind) sowie beim Verlassen der Bankreihe am Ende des Gottesdienstes als Abschluß des stillen Gebets und beim Verlassen der Kirche. Die Rittersche Agende kennt außerdem die Praxis der Bekreuzigung aller am Gottesdienst Teilnehmenden bei der Epiklese, wo darum gebetet wird, daß Gott uns »nach Leib und Seele erneuern« und verwandeln, ja diese Welt neu erschaffen, also die neue Schöpfung Wirklichkeit werden lassen, möge[1].

Die Gemeinde hat in einem konventionellen evangelischen Gottesdienst relativ wenig Gelegenheit zur *Bewegung.* Außer beim Kommen und Gehen sowie beim Abendmahlsgang, evtl. auch beim Opfergang, wenn die Spenden persönlich zum Altar gebracht werden – wie z.B. in vielen Gemeinden der USA – kommt das Gehen nicht vor, vom Tanzen ganz zu schweigen. *Umgänge* der ganzen Gemeinde bei besonderen

Anlässen sind daher, erst einmal bekannt und erläutert, eine willkommene Abwechslung: das Volk Gottes auf der Wanderschaft, singend, Lichter tragend, in Bewegung, z.B. vom Kirchenschiff in den Altarraum zum Sakramentsteil des Gottesdienstes. Auch beim weihnachtlichen Quempas[2] wird etwas von der Bewegung einer Gemeinde, die von den »vier Enden der Erde« aus singt und jubelt, deutlich, selbst wenn nur Chor und Kinderchöre repräsentativ für alle handeln.

Die Gemeinde verharrt schweigend und auf die musikalische Botschaft der Orgel hörend auf ihren Plätzen, während das *Ausspiel* der Orgel oder des Posaunenchors erklingt, und verläßt erst danach die Kirche. Dazu muß sie vielerorts freilich erst erzogen werden. Dies wird um so leichter gelingen, wenn erstens die Protagonisten auch noch sitzenbleiben und sich erst am Ende des Ausspiels von ihren Plätzen erheben und zweitens nach dem Gottesdienst im nahegelegenen Gemeinderaum oder einem ähnlichen Ort Gelegenheit zu gemeinsamem Kaffeetrinken oder gar Mittagessen und Gespräch geboten wird. Das Bedürfnis nach Geselligkeit in unseren Gemeinden ist nicht zu unterschätzen. Wichtig jedoch ist immer, daß die Pfarrerschaft als Repräsentativgruppe der Gemeinde sich an den Aktivitäten, die sie für wichtig hält, auch selbst beteiligt.

Zusammenfassend halten wir fest:

– Akklamationen, allen voran das Amen, aber auch Kyrie und Halleluja, gehören der Gemeinde.

– In einem gesungenen Gottesdienst singen LiturgInnen und Gemeinde beide, in einem gesprochenen Gottesdienst sprechen auch beide. Daß die Gemeinde singend antwortet, wenn die LiturgInnen sprechen, ist ein leider vielfach praktizierter Stilbruch, den jeder feinfühliger Mensch als Peinlichkeit empfindet.

– Der Gottesdienst als ein in sich vielfältig strukturiertes Gebet der Gemeinde findet grundsätzlich im Stehen, Gehen und Knien statt.

– Die Gemeinde sitzt vor allem bei der Predigt, sollte sonst aber möglichst viel Gelegenheit haben, ihre Körperhaltung zu wechseln.

– Zur betenden Aktivität der Gemeinde gehört das Psalmensingen, meist in Gestalt des evangelischen Chorals.

– Handzettel und Regieanweisungen sind meistens überflüssig, denn es handelt sich beim Gottesdienst von Ausnahmen abgesehen nicht um eine Werbe-, Belehrungs- oder Informationsveranstaltung mit Programm für fremde Leute.

– Gemeindeglieder beteiligen sich gerne an notwendigen liturgischen Tätigkeiten wie Glockenläuten, Begrüßung der übrigen Gemeindeglieder, Lesung der Bibeltexte, Einsammeln des Opfers usw., die meist an die KüsterInnen delegiert sind, aber auch an der Austeilung des Abendmahls, Formulierung und Vortrag von Fürbitten, ja ganzen Gebeten, bei der Vorbereitung und Ausrichtung der Geselligkeit nach dem Gottesdienst u. dgl. m.

– Im Gotteshaus herrscht grundsätzlich andächtige Stille. Es ist nicht mit einem anderen Versammlungsraum der Gemeinde zu verwechseln.

– Für die notwendige Geselligkeit, Gespräche, Gemeindepolitik etc. steht den meisten Gemeinden glücklicherweise ein eigener Raum zur Verfügung, der auch im Anschluß an die Gottesdienste – oder schon vorher – genutzt werden sollte.[3]

– In manchen Gemeinden gibt es eine liturgische Arbeitsgruppe aus Gemeindegliedern, die über alle Fragen der Gottesdienstgestaltung berät und zusammen mit dem Kirchenvorstand entscheidet.

Universitätskirche Marburg: Einzug

Lesung des Evangeliums

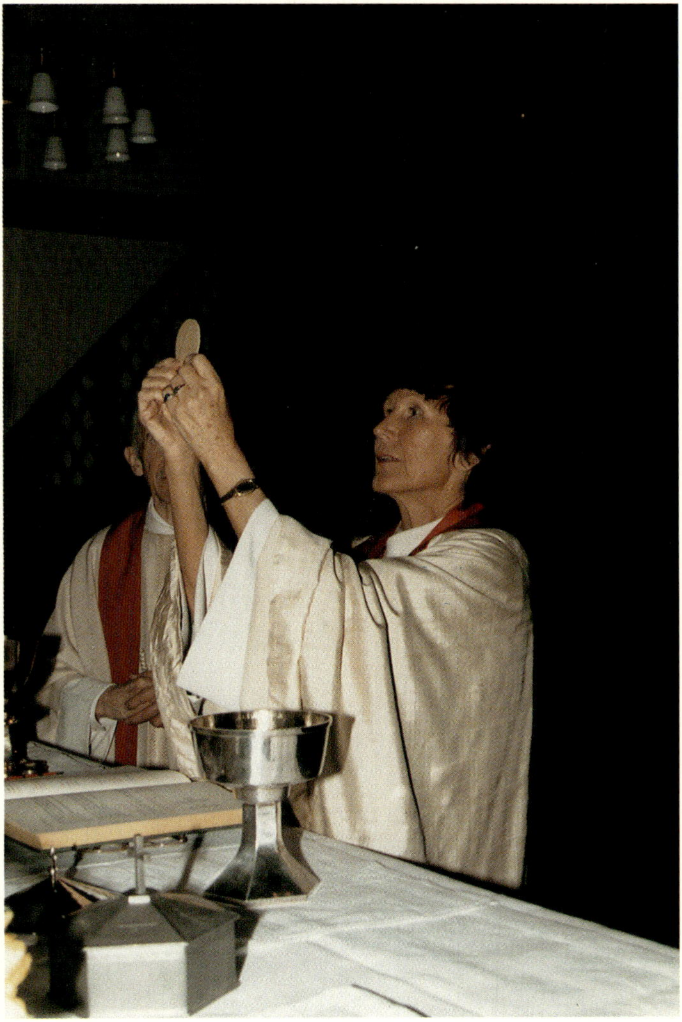

Elevation der Elemente nacheinander

Gesegnet wird in der Regel vom Altar aus

VII. Hinweise zum Verhalten bei Kasualien

Vorbemerkungen

Der Verlauf der Kasualien richtet sich stärker als der des Hauptgottesdienstes nach *lokalen Überlieferungen* und Gewohnheiten, die nicht ohne Grund mißachtet werden sollten. Auch Geistliche und andere MitarbeiterInnen, die vertretungsweise oder als Gäste in einer Gemeinde Dienst tun, sollten sich an die ortsüblichen liturgischen Ordnungen halten, in Ausnahmefällen aber ihre Abweichungen bei der Eröffnung des Gottesdienstes kurz erläutern. Gerade für die Kasualien gilt: Die Volkskirche steht und fällt mit der Volksfrömmigkeit. Jeglicher theologische Rigorismus, etwa hinsichtlich der Tauflehre, wirkt antiseelsorgerisch und kontraproduktiv.

Gerade die Kasualien stellen als Veranstaltungen, »in denen eigene Lebenswelt und Lebenserfahrung einerseits und volkskirchliche Verbundenheit andererseits gleichermaßen ausgedrückt werden können« (J. Matthes), eine außerordentlich wichtige Lebensäußerung der Kirche dar. Die Kirche wird hier in betonter Weise öffentlich, in dem sie *Passageriten* zelebriert, die durchaus alle Mitglieder der Gesellschaft angehen. Sie sollten allerdings gerade deshalb nicht nur auf den einzelnen Fall zugeschnitten sein, sondern auch das Allgemeine und Typische herausarbeiten, das alle Anwesenden betrifft und verbindet. Der Soziologe empfiehlt deshalb, den gottesdienstlichen Charakter der Amtshandlungen gegenüber ihrem individuell-seelsorgerischen Aspekt stärker zu betonen und die »Vervielfältigung der Knotenpunkte im Ablauf des menschlichen Lebens«, wie sie in unserem Jahrhundert entstanden sei, gegenüber den klassischen Schwellensituationen (Geburt, Geschlechtsreife, Heirat, Tod) auf neue Weise zu berücksichtigen; das würde der lebensgemeinschaftlichen Wirklichkeit der einzelnen stärker Rechnung tragen und ihre Isolierung aufbrechen[1]. Zunehmend haben wir es nicht mehr nur mit Übergangs-, sondern mit Bestätigungsriten zu tun (z.B. bei der Trauung). Es entstehen neue Bräuche, neue Funktionen alter Rituale und neue Feierformen gemäß der veränderten Situation der Gesellschaft.

Wie wir gesehen haben, äußert sich Volksfrömmigkeit in Bewegung, Körperausdruck und Bildhaftigkeit, in Gesang und mythologischer Wahrnehmung von Zeit und Raum (Kirchenjahr, Naturjahr, sog. Bauernregeln usw.). In diesen Zusammenhang gehört auch das religiöse *Brauchtum*[2].

Bei Taufe, Trauung und Beerdigung spielt vor allem auf dem Lande noch immer der *Weg* zur Kirche und zum Friedhof eine wichtige Rolle. Die Haustüre wird geschmückt, es werden Zweige und Blumen gestreut, man zieht als geschlossene Gruppe zur Kirche oder auf den Gottesacker (Prozession). Dadurch wird dieser Weg aus einem alltäglichen Stück Straße zu einem heiligen Pfad, den würdig zu beschreiten bis ins Körperliche hinein Auswirkungen zeitigt. Es ist pastoralpsychologisch[3] von großer Bedeutung, daß auch P. an solchen Gängen beteiligt ist und die Kasualgemeinde am Tauf-, Hochzeits- oder Trauerhause abholt, um – in diesem Falle im liturgischen Gewand – sie so öffentlich auf ihrem Weg über eine *Lebensschwelle* zu geleiten[4]. Freilich hat die Urbanisierung diesbezüglich starke Veränderungen gebracht, die sakral-rituell noch nicht Gestalt gewinnen konnten.

Der Talar oder Ornat samt Stola wird übrigens nur dann in der *Öffentlichkeit* getragen, wenn P. oder andere Gemeindeglieder zu dieser öffentlichen Handlung von der Gemeinde bzw. ihrer Landeskirche offiziell durch Ordination oder mindestens Delegation *beauftragt* sind. Politische Demonstrationen mögen noch so sinnvoll sein – wenn VertreterInnen der Kirche als Bürger für ihre persönliche Meinung öffentlich eintreten, ist das eine ehrenwerte und wünschenswerte Sache, aber keine Angelegenheit der *Repräsentation* der Gemeinde bzw. Kirche als Ganzer und folglich niemals in liturgischer Kleidung zu vollziehen!

Das *Fotografieren* sollte man bei Kasualien nicht zulassen, weil es der Ehrfurcht vor dem Heiligen, das sich hier und jetzt ereignet, entgegensteht, jedoch die Möglichkeit einräumen, vor oder nach dem Gottesdienst Bilder (z.B. mit den Familienangehörigen am Taufstein oder vor dem Altar) zu stellen.

Die Taufe

Allgemeines

Die Taufe soll in den lutherischen Kirchen Deutschlands bereits seit 1938 wieder in einem *öffentlichen* Gottesdienst stattfinden. Es geht nicht nur um einen privaten Initiationsritus, sondern um den öffentlichen Akt des Bekenntnisses zu Christus und den Eintritt in seine Kirche. Der Ostersonntag, in der alten Kirche der Taufsonntag schlechthin, eignet sich besonders gut dafür. Jedoch ist jeder Sonntag ein kleines Osterfest, und so gibt es kaum Bedenken gegen Taufen an allen anderen Sonntagen des Kirchenjahres. Findet in einem Hauptgottesdienst zugleich die Taufe eines oder mehrerer neuer Gemeindeglieder statt und wird dazu eine *Ansprache* gehalten, entfällt selbstverständlich eine weitere Predigt. Es kann auch auf eine eigene Taufansprache zugunsten der Predigt über den für diesen Sonntag vorgesehenen Text verzichtet werden. Die Predigt sollte dann auch auf die Taufe Bezug nehmen. Die hier und da anzustreffende Gepflogenheit, zwei Ansprachen zu halten, kann man nur als Unfug bezeichnen.

An die Taufe wird häufig eine *Segnung der Mutter* bzw. *der Familie* angeschlossen. Sie erfolgt vor dem Altar mit Handauflegung, Vaterunser und Gebet (zum Altar gewendet, wenn nicht während der Handauflegung gebetet wird).

Nottaufen können überall, zu jeder Zeit und von jedem getauften Gemeindeglied vorgenommen werden. Wichtig für den Vollzug sind Wort (im Namen der dreieinigen Gottes) und Element (Wasser); auch das Credo gehört sehr eng mit der Taufe zusammen und sollte möglichst von allen, die dabei sind, gemeinsam gesprochen werden. Der Vollzug einer Nottaufe ist baldmöglichst vom zuständigen Pfarramt bestätigen und eintragen zu lassen.

Spezielle Bemerkungen zum Vollzug der Taufe

Im Hauptgottesdienst kann die Taufe zwischen Wort- und Sakramentsteil, also nach der Predigt und vor dem Offertoriumslied, ihren Platz finden. Der übliche Wortteil kann aber auch durch die agendarische Ordnung der Taufe ersetzt werden. Das Abendmahl schließt dann mit einem Dank- und gleichzeitig Offertoriumslied an das Schlußgebet der Taufhandlung oder an die Segnung von Mutter (Müttern) oder Familie/n an.

Der eigentliche Ort der Taufhandlung ist der *Taufstein.* Er steht sinnvollerweise am Haupteingang der Kirche. Das ist freilich oft nicht der Fall. Vielmehr ist im Rahmen des reformatorisch-theologischen Programms der Taufstein in die Nähe von Altar und Kanzel gerückt, manchmal im Zuge der Privatisierung und Individualisierung der Taufe auch in eine Nebenkapelle. Steht der Taufstein in der Nähe eines Altars, werden alle *Gebete* der Taufagende am Altar gesprochen, die *Lesungen* erfolgen dann vom Pult aus (Evangelien- und Epistelseiten beachten!). An den agendarisch bezeichneten Stellen wird der Täufling an der Stirn und an der Brust mit dem *Zeichen des Kreuzes* gesegnet. Dazu treten Eltern und Paten mit dem Täufling, evtl. mit Geschwistern und weiteren Angehörigen, vor den Altar. Erfolgt danach eine *Ansprache,* setzen sich die Tauffamilien nach der Segnung wieder, um sich erneut zu erheben, wenn die Tauffragen gestellt werden. Nach den agendarischen Lesungen und der *Handauflegung* auf den Täufling während des *Vaterunsers* (kann entfallen, wenn im Hauptgottesdienst das Vaterunser später, etwa während der Abendmahlsliturgie, noch folgen soll) findet die Taufhandlung im engeren Sinne des Wortes statt. Dazu begeben sich P. und die Angehörigen mit dem Täufling an den Taufstein. Hier ist der Ort für das *Credo,* das die spezielle Taufgemeinde mit der ganzen gottesdienstlichen Gemeinde zusammen spricht, die sich dazu erhebt.

Unmittelbar vor der Spendung der Taufe gießt P. aus der vom Küster/der Küsterin gereichten Taufkanne lauwarmes *Wasser* in die Taufschale im Taufstein. Das *Gießen* soll als deutliches Zeichen mit reichlich Wasser für die ganze Gemeinde sichtbar vollzogen werden.

Nach der *Namensnennung* (vgl. Agende) *begießt* P. den Kopf des Täuflings *dreimal* mit Wasser und *spricht* die trinitarische Formel. Die Mutter oder eine andere Person aus dem Kreis der Umstehenden trocknet den Kopf des Täuflings mit einem bereitgelegten oder vom Helfer (KüsterIn) überreichten Handtuch ab, das hernach ordentlich (gefaltet) mit Hilfe des Küsters/der Küsterin auf den Rand des Taufsteins gelegt wird.

Wenn der agendarisch vollzogene Taufakt beendet ist, wird vielerorts der weiße *Taufschleier* (das sog. Westerhemd – von lat. vestigium = das weiße Kleid der getauften Christen) über das Kind gebreitet, dazu kann Galater 3,27 gesprochen werden. Bei einer Erwachsenentaufe ist es hier und da üblich, daß der Täufling eine Alba anzieht. Auch die *Taufkerze,* die sich großer Beliebtheit erfreut, wird an dieser Stelle mit einem Votum, etwa Lukas 12,35f., überreicht. Mancherorts nimmt der Pfarrer das Kind, hebt es hoch und zeigt den neuen Christenmenschen der Gemeinde.

Schließt sich die *Muttersegnung/Familiensegnung* an, treten diejenigen, die gesegnet werden sollen, mit P. vor den Altar. Die Segnung endet mit dem Votum »Gehe/t hin im Frieden!« Darauf nehmen die Gesegneten wieder ihren Platz im Kirchenschiff ein. P. geht bis zum Offertoriumsgebet ebenfalls an seinen Platz zurück.

Die liturgische *Farbe* ist die Propriumsfarbe des betreffenden Sonntags, im Zweifelsfalle aber weiß.

Die Trauung ist durch die Infragestellung der spätbürgerlichen Form der Ehe in den letzten Jahren besonders problematisch geworden[5]. Viele Agenden bieten bereits Alternativen zur klassischen Traufrage nach lebenslanger Treue (»bis der Tod euch scheidet«) an. Auch die Verbindung von Taufe und Traugottesdienst wird in letzter Zeit häufiger praktiziert. Eine niederländische Untersuchung stützt die These, bei der Trauung handle es sich heute nicht mehr um einen *Passage*ritus im Sinne eines Statusübergangs, sondern um ein *Bestätigungs*ritual, das die bereits vollzogene Familiengründung nach längerer Probeehe öffentlich zum Ausdruck bringen und auch im religiösen Kontext festigen soll[6].

Da in diesem Zusammenhang fast alles, einschließlich der biblischen Texte, umstritten ist, sollen nur wenige Hinweise gegeben werden.

Die Trauung wird sinnvollerweise mit der Feier des *Abendmahls* verbunden, zu der alle Anwesenden in ökumenischer Weite eingeladen sind. Der Traugottesdienst gemäß der Agende wird nach den Schlußgebeten ohne den hernach vorgesehenen Segen mit dem Eröffnungsdialog der Eucharistiefeier fortgesetzt, es folgen Präfation, Sanctus etc. Das Vaterunser, das meist im Anschluß an die Einsegnung des Ehepaars gebetet wird, entfällt entweder an der Stelle, wo es die Trauagende vorsieht, oder im Abendmahlsteil (meist nach der Anamnese bzw. den Einsetzungsworten).

Der Traugottesdienst beginnt meistens am Portal der Kirche, von wo P. das Paar und die Angehörigen mit einem biblischen Votum zur Begrüßung abholt und im »Brautzug« mit dem »Brautgefolge« vor den Altar geleitet. Findet ein solcher *Einzug* statt, geht P. mit dem Zug (manchmal zusammen mit Küster/In und evtl. ZeremonienmeisterIn) voran. Hier und da gibt es noch die schöne Sitte, daß das Paar vom Hochzeitshaus, Pfarrhaus oder Gemeindehaus mit seinem Gefolge durch den Ort zieht. Auch in diesem Falle geht P. voran.

Die eigentliche Trauhandlung besteht in einer *Segnung* des Paars, das sich evtl. die Trauringe ansteckt, die Hände reicht und niederkniet (oder auch steht). P. spricht ein agendarisches Segensvotum mit trinitarischem Schluß und großem *Kreuz* und legt bis zum Kreuzeszeichen seine Hand auf die ineinandergelegten Hände des Paares. Gelegentlich legt P. auch je eine Hand auf das Haupt der Braut und des Bräutigams. Danach geht das Paar an seinen Platz zurück.

Nach dem Segen *zieht* P. mit dem Paar und seinem Gefolge, das sich meist paarweise anschließt, bei Orgelspiel *zum Ausgang*. Erst dort, keinesfalls vor dem noch mit den eucharistischen Elementen gedeckten Altar, auf dem evtl. noch die Kerzen brennen, kann die Gratulationscour beginnen – oft, indem P. Geschenke der Gemeinde, Urkunde usw. selbst überreicht. (Gerade vor Trauungen ist es wichtig, den Ablauf bis in alle Einzelheiten hinein mit dem Paar vorzubesprechen. Dies gilt auch für Ein- und Auszug.)

Die liturgische *Farbe* ist die Propriumsfarbe der Zeit des Kirchenjahrs, kann aber in besonders begründeten Fällen auch rot als Farbe der Liebe und des Bekenntnisses oder grün als Farbe der Saat auf Hoffnung sein.

Die Bestattung

Die Bestattung, ob als Beerdigung, Feuerbestattung oder anders gehalten, wird besonders unterschiedlich gefeiert, ist andererseits aber eine religionsgeschichtlich und sozialpsychologisch besonders wichtige Feier und der zentrale Passageritus schlechthin. Ihm sollten die ganze Aufmerksamkeit und Liebe der Kirche gelten[7].

Einer alten Tradition zufolge beginnt das Begräbnis im Trauerhaus, von wo – auf dem Lande gelegentlich heute noch – der Sarg mit dem Toten zum Friedhof geleitet wird. Vor dem Verlassen des Hauses wurde der Sarg gesegnet. Diese sog. *Aussegnung* hat sich mancherorts zu einer eigenen Feier entwickelt, die stattfindet, bevor der Sarg zum Friedhof gebracht wird, unter heutigen Verhältnissen oft mehrere Tage vor der Bestattung.

Da der Friedhof ursprünglich stets um die Kirche herum angelegt war (bzw. die Kirchen über den Gräbern der ersten

Christen und Märtyrer entstanden), lag es nahe, den *Trauergottesdienst in der Kirche* zu beginnen, wo der Tote aufgebahrt war. Von daher erklärt sich die Sitte, daß vielerorts auch heute die Bestattungsfeier in der eigens dafür und in der Nachfolge der Kirchen gebauten *Friedhofskapelle* beginnt. Dann wird der Sarg zum Grabe gebracht und eingesenkt. Leider geschieht das Zuschütten des Grabes heute meist maschinell und keinesfalls durch die Angehörigen oder in deren Beisein mit Handarbeit, so daß ein wesentliches Moment der nötigen Trauerarbeit[8] entfällt.

In vielen Friedhofshallen findet sich ein *Altar*, an dem wie in einer Kirche zu agieren ist. Fehlt jedoch der Altar, gibt es in der Regel ein *Pult*, von dem aus Lesungen und Ansprache erfolgen können. Die *Gebete* werden dann nach der Aufforderung »Laßt uns beten!« und einer *Wendung*, die P. in eine Blickrichtung mit der versammelten Gemeinde bringt, zum als Gegenüber gedachten lebendigen Gott gesprochen. Auch bei den *Liedern*, die *stehend* gesungen werden sollen, reiht sich P. symbolisch in die Gemeinde Gott gegenüber ein. Eventuelle *Segenshandlungen*, die sich auf den Toten beziehen, werden *am Sarg* vorgenommen, so daß P. in der Regel am Kopfende des Sarges steht und das *Kreuz* über dem Verstorbenen schlägt.

Der *Zug zum Grab* ordnet sich nach der lokalen Sitte. Meistens führt ein Friedhofsbeamter den Leichenzug an, bei einer christlichen Bestattung sollte ein Vortragekreuz an der Spitze des Zuges getragen werden; evtl. folgen Chor oder Bläser, dahinter Kantor und P., dann der Sarg und hinter ihm die Angehörigen, hernach die übrige Gemeinde. P. kann auch direkt vor oder, wenn dies gewünscht wird, zusammen mit den engsten Angehörigen hinter dem Sarg hergehen.

Am Grabe wird zuerst der Sarg hinabgesenkt, der Kreuzträger/die Kreuzträgerin tritt auf eine der Stufen des Grabes an die Kopfseite des Sarges, P. dem Kreuz gegenüber, sozusagen zu Füßen des Toten und meistens auf die Seite der Gemeinde. Er steht dabei wie der Kreuzträger auf einer Stufe des Grabes. Alles, was der Gemeinde gilt, wird selbstverständlich zu dieser gesprochen, die Gebete jedoch zum Kreuz gewendet. Das *Barett*, das bei allen liturgischen Handlungen im Freien zu tragen ist, wird bei den Gebeten abgenommen, dann aber wieder aufgesetzt, auch zum Segen, weil der Segen in der christlichen Tradition im Sinne der Rechtfertigungslehre als effektiver Rechtsakt verstanden wird[9].

Nach dem Segen *verläßt P. das Grab,* gibt den nächsten Angehörigen die Hand und geht auf angemessene Weise mit dem Kreuzträger zur Sakristei zurück. Nur in begründeten Ausnahmefällen wird P. als offizieller Repräsentant der Kirche dem evtl. folgenden »weltlichen« Teil der Bestattung (Nachrufe, Fahnenschwenken, Böllerschüsse usw.) beiwohnen.

Wo im Anschluß an die Handlung auf dem Friedhof ein Gottesdienst *in der Kirche* stattfindet, sollte dieser als *Abendmahlsfeier* gehalten werden.

Die liturgische *Farbe* der Paramente ist entweder schwarz oder violett, gelegentlich aber auch weiß (Taufe, Tod und Auferstehung gehören theologisch eng zusammen; auch der zeitliche Zusammenhang mit Christusfesten kann Berücksichtigung finden). Grün als Farbe der Saat auf Hoffnung ließe sich ebenfalls rechtfertigen, in besonderen Fällen sogar rot (etwa beim Begräbnis eines Repräsentanten der Kirche oder Blutzeugen oder bei einer Bestattung an Pfingsten).

VIII.
Zusammenfassung und Überblick

Unsere Seminare schließen häufig mit einem gemeinsamen kleinen *Essen.* Manchmal gibt es einen Austausch von Farbfotos und die Überreichung lustiger Geschenke, z.B. einmal einer selbstgefertigten Pastorenpuppe mit verschiedenfarbigen Stolen zum Wechseln. Dabei wird viel gelacht.

Das heißt: Es geht in der Liturgik um unsere fünf *Sinne,* um Essen und Trinken, Farben und Bewegungen, um etwas fürs Gefühl und fürs Auge, um Humor, Spiel und Fröhlichkeit.

Ein Gottesdienst soll *schön* sein, etwas, an dem man sich freut mit den Augen, mit dem Geschmacks- und Geruchssinn, wo es etwas anzufassen gibt und wobei man sich erholen und ausruhen kann. Hören Sie auf mit den permanent moralisierenden Ansprachen! Lassen Sie es bleiben, die Gemeinde zu »motivieren«, »aufzurütteln«, zu »senden« und was dergleichen moralistische Absichten noch sein mögen. Wer sind Sie, daß Sie das Gesetz auf die Leute legen wollen! Es kommt sowieso immer wieder durch. Das Evangelium, die Freude am Leben, das Recht zu klagen und zu loben, ist genug. Es wird als »Fest der Narren«[1] gefeiert.

Selbstverständlich darf der *Schatten*[2] in diesem Zusammenhang nicht zu kurz kommen: Ärger und Traurigkeit, »negative« Gefühle, Antipathien u.ä. haben ihr Recht und sollen zum Ausdruck kommen[3]. Psalmen, bestimmte Choräle und neu formulierte Gebete leisten ebenso Sprachhilfe wie ausgewählte Bibeltexte. Befohlene christliche »Freudigkeit« ist freilich nicht gemeint, sondern auch Echtheit ist eine liturgische Kategorie. Immer wieder läßt sich die Erfahrung machen, daß unser Körper, daß wir als Körper, wenn wir uns nicht nur irgend etwas zurechtdenken, sondern ganzheitliche Wahrnehmung üben, wahrhaftiger sprechen als rational-theologische Konstruktionen, die auf einem Soll und nicht auf dem Ist beruhen.

Zum Ist gehört die Anerkennung von *Volksfrömmigkeit* und religiösem *Brauchtum,* von sog. »magischen« Denken, Fetischismus und ähnlichen Bewußtseinsdimensionen, die auch in unserer Gesellschaft verbreitet sind, in jedem von uns bestimmte Persönlichkeitsschichten ausmachen und bestenfalls aufgrund von aufklärerisch-rationalistischer Selbsttäuschung und auch kirchlicher Ächtung verdrängt werden können.

»Wir können fast jede christliche Zeremonie bis weit in die Vorzeit zurückverfolgen. Häufig stoßen wir auf ursprünglichen Aberglauben, auf ›apotropäische‹ Herkunft und Wertung (Kerzen, Weihrauch, Glocken, Kreuzzeichen, Erbhemd und dergl.)... Man mache das alles auch nicht mit der Vokabel ›primitiv‹ verächtlich.«[4] F. Heiler sieht »etwas Großes in dem Gedanken, daß auch die primitive und primitivste

Religion im offiziellen Kult der Kirche einen Platz erhalten hat, nicht nur in der Volksfrömmigkeit, die sich in der Peripherie des Kults bewegt. Das Fortleben solcher Elemente sichert dem religiösen Leben eine gewisse Urwüchsigkeit und Frische; das Grobdingliche im Kult schützt wie eine starke Kapsel das zarte Mysterium des Irrationalen und verhindert eine Entleerung der lebendigen Frömmigkeit durch rationalen Doktrinarismus... Auch darf man nie vergessen, daß nahezu die gesamte religiöse Terminologie (auch die der evangelischen Hochfrömmigkeit) primitives Erbgut ist.«[5] Die Volkskirche steht und fällt mit der Volksfrömmigkeit. Eine mehr oder weniger engstirnige Volkskirche mit dem kleinbürgerlichen Mief einer vereinnahmenden Großfamilie, starker sozialer Kontrolle und Orientierung an vorwiegend normativer Ethik, ist jedenfalls nicht das, was ich mir wünsche, sondern es schlüge mich und viele in die Flucht. Ich möchte auch nicht einen Vereinshaussaal gegen eine Kirche eintauschen. Statt dessen geht es darum, das Erbe des Glaubens, die kleinen und großen romanischen, gotischen und barokken Kirchen, ernst zu nehmen, Steine und Bilder, Raum und Zeit, Licht und Schatten sprechen zu lassen und einzustimmen in den Rhythmus der Tradition im Hier-und-Jetzt einer lebendigen, aggressiven, ängstigenden, manchmal chaotischen, lustlosen und lustsüchtigen Gegenwart. Spaß muß sein, Ernst muß sein, Welt muß sein – etwas anderes haben oder sind wir nicht –, Religion muß sein. Ernst ist Spaß, Religion ist Welt. Und die Welt ist Gottes. Daran glauben wir, das stellen wir dar, wenn wir in der Welt ihr gegenübertreten, aus den Tagen einen Feiertag aussondern, aus den Häusern ein Gotteshaus herausheben, aus den Speisen Brot und Wein erheben und aus den vielen, vielen Wörtern das eine Wort hören und bekennen.

Im folgenden fassen wir noch einmal im Überblick einige Aspekte des liturgischen Spiels zusammen, denen in diesem Büchlein unsere Aufmerksamkeit galt.

Repräsentative liturgische Rollen und Funktionen

a. Dienst in Alltag und Gebet
- Gemeinde: Volk Gottes in Anbetung und Nachfolge
- Chor: gelegentlich mit Orchester, festliche Repräsentanz der Stimme der Gemeinde, als Schola speziell für »klassische« (oft gregorianische) Stücke des Gottesdienstes
- KantorIn: VorsängerIn, LeiterIn des Lobpreises, der Anklage und der musikalischen Anbetung der Gemeinde
- OrganistIn: instrumentaler Ausdruck des Gotteslobs der Gemeinde an der »Königin der Instrumente«

b. Dienst an Wort und Sakrament
- LiturgIn: Leitung des Gottesdienstes, häufig auch Funktionen des Vorbetens und Zelebrierens der Eucharistie, sakramentaler Dienst
- LektorIn: Vorlesen, Dienst am Ambo, verbale Funktionen
- PredigerIn: Dienst auf der Kanzel, verbale Funktionen
- DiakonIn: Hilfe beim Dienst am Altar (Gebete, Aufforderungen, Lesungen, Austeilung u.a.)[6]
- KüsterIn: Vorbereitung des Gotteshauses, Sorge für den Raum und die Vasa sacra etc.
- MinistrantInnen: Hilfsdienste verschiedener Art, vor allem bei der Eucharistiefeier

Die liturgischen Rollen sind durch besondere festliche Kleidung gekennzeichnet. Sie repräsentieren die betende Gemeinde, den Dienst an Wort und Sakrament und überschneiden sich oft gegenseitig. Das zeigt zugleich, wie das Gegenüber von Gottes Wort und menschlicher Antwort, von Gebet und Verheißung, ja von Schöpfer und Geschöpf in der Darstellung einerseits aus theologischen Gründen aufrechterhalten werden muß, andererseits praktisch aber nicht aufrechterhalten werden kann. Das hat seit Chalcedon seinen Niederschlag in der theologischen Reflexion gefunden.

Bewegungen und Haltungen

- Gehen und Gang
- Sich erheben und Stehen
- Sich grüßen und Gruß
- Aufblicken und Sehen
- Aufhorchen und Hören
- Sich verbeugen und Verbeugung
- Sich setzen und Sitzen
- Sprechen und Sprache
- Rufen und Ruf
- Singen und Gesang
- Knien und Kniefall
- Essen und Mahl
- Sich legen und Liegen
- Sich bewegen und Tanz

Gebärden und Gesten

- Ganzer Körper: z.B. gehen, stehen, sitzen, liegen, knien, (Ver)beugen, sich wenden, tanzen – insgesamt: darstellende Funktionen
- Arme und Hände: z.B. erheben, seitlich oder nach oben ausstrecken, senken, öffnen und schließen, Zeichen geben (z.B. des Kreuzes), einander die Hände reichen, berühren, hantieren und austeilen – insgesamt: darstellende, aber auch gebende und nehmende Funktionen
- Beine und Füße: z.B. gehen, knien, tanzen – insgesamt: darstellende und Bewegungsfunktionen
- Kopf: z.B. erheben, senken, drehen – darstellende, Zeichen gebende, wahrnehmende Funktionen
- Augen: z.B. öffnen, schließen, erheben, senken – darstellende, Zeichen gebende, wahrnehmende Funktionen
- Mund: z.B. essen, küssen, atmen und anhauchen, sprechen, rufen und singen – insgesamt: gebende und nehmende, darstellende Funktionen

Elemente und Zeichen

Wir haben es hier mit den vier Grundelementen und davon abgeleiteten (»gewandelten«) Gaben der Schöpfung zu tun.

- Wasser: für den Durst, lebenserhaltend; reinigend, tötend (ertränken und ertrinken), wieder zum Leben erweckend. Alles Leben kommt aus dem Wasser. Assoziationen: Meer, See, Fluß, Regen...
- Erde und Asche: fruchtbares Land, aus dem durch Regen Grün und Nahrung hervorsprießt, tötendes Land als Wüste, »Gottesacker«, Stoff unserer Herkunft und unserer Zukunft (»Von Erde bist du genommen, zu Erde sollst du werden...«), Zeichen des Lebens und des Todes, Stoff, der auch dem Feuer standhält
- Luft: Wind, Hauch, auch durch den Rauch (s.u.) dargestellt. Wie Wasser, Erde und Licht (s.u.) ein unabdingbares Lebenselement, immer in Bewegung, als Wind nicht zu orten oder dingfest zu machen; im liturgischen Ritual des Anhauchens (Anblasens), das bei uns nur noch selten geübt wird, zum Ausdruck gebracht (vgl. u.a. Gen 2,7; Ex 15,8; Ez 37,9; Joh 20,22)
- Rauch: Zeichen der Verwandlung durch läuterndes Feuer, aufsteigende Bewegung des Opfers – in alten Zeiten sah man im Rauch das Aufsteigen der Essenz dessen, was verbrannt wurde (»Seele«) – Wohlgeruch, reinigende Funktion, konservierende Wirkung
- Feuer: das lebensnotwendige Licht, Licht des Evangeliums, gebändigte Naturgewalt, Energie (Opferfeuer, Herdfeuer; Kerzen), Kraft der Wandlung (Metalle)
- Wein: im antiken Mittelmeerraum das Alltagsgetränk, das hygienischer als Wasser ist, für den Durst, zur Heilung und Reinigung, aber auch für den Rausch und die Freude; Symbol des Wunders der Wandlung (Verwandlung des Traubensafts zu dauerhaftem Wein)
- Brot: für den Hunger, lebenserhaltend, »das tägliche Brot«; durch den Menschen gestaltete Natur, auch hier: Wunder der Wandlung
- Öl: Mittel der Salbung und Weihe (Könige, Priester), Medizin für Kranke, nährende Gabe (für Reisen einschließ-

lich der Todesreise), Quelle und Nahrung des Lichtes (antike Lampen)

- »Gaben« aller Art: Brot und Wein, Erntegaben, Blumen und Früchte, Geld- und Sachspenden als Zeichen des Dankes (vertikal) und der Solidarität (horizontal). Darstellung auch der Schönheit und der Vergänglichkeit der Schöpfung

Anstand vor Gott und den Menschen

Unter dem Stichwort »Anstand« können wir noch einmal die wichtigsten liturgischen Verhaltensweisen begreifen, in ihrer Relativität und Bedeutung verstehen und zusammenfassen:

- angemessene festliche Kleidung
- Bewegung, Ein- oder Auszug, Prozessionen u.a.
- auf wohl überlegten, festlichen und heiligen Wegen gehen
- mit Armen und Händen sich ausdrücken und verständigen
- sich in Ehrfurcht verneigen, einander und Gott grüßen
- Ehrfurcht, Ehrerbietung, Liebe und Hingabe ausdrücken
- den Dialog des Glaubens herstellen: Wendungen vom Altar zur Gemeinde im Namen Gottes, Wendungen zum Altar im Namen der Gemeinde
- der Altar ist Ort des Sakraments und der Opfergaben (einschließlich der Gebete), das Wort erklingt von Pult und Kanzel aus
- Predigen als Erläuterung einiger situativ wichtiger Punkte eines Textes oder Themas
- Hören, Ruhen, Besinnung
- Sprechen, Rufen, Singen, Beten, Reden auf angemessene und festliche Weise
- Amen und Akklamationen als bestätigende Antwortrufe
- Einzüge und Auszüge mit den Vasa sacra, Evangelienbuch und »Heiligem Feuer«: das wandernde Gottesvolk

Zum Umgang mit den agendarischen Rubriken und den Vorschlägen dieses Büchleins

Liturgie soll einerseits ein Ritual sein, welches regelmäßig vollzogen werden kann und den *Charakter einer spirituellen Übung* hat, andererseits situationsgemäß gestaltet werden. Zur Situation gehören eine ganz konkrete Gemeinde und ein ganz konkreter Raum bzw. Ort. Folgende Fragen können die Situationsgemäßheit einer Gottesdienstgestaltung zu klären helfen[7]:

- Ist die Gestalt des Gottesdienstes den Personen, die versammelt sind, angemessen, so daß sie sich darin wiederfinden und ausdrücken können?
- Ist dieses oder jenes liturgische Verhalten verständlich zu machen bzw. für die Gemeinde nachvollziehbar? Gefällt es ihr (und mir) und dient es der Verdeutlichung dessen, was wir feiern?
- Welche Gefühle löst diese oder jene liturgische Verhaltensweise bei mir selbst und welche vermutlich bei anderen aus?
- Entspricht die Gottesdienstform der Größe der versammelten Gemeinde? (Eine kleine Gruppe erfordert eher spontanes Verhalten, eine liturgische Großveranstaltung bedarf strenger und stilvoller Strukturen. Mit drei Personen eine Liturgie streng nach der Agende zu feiern, wäre in den meisten Fällen ein ziemlich unkommunikativer Unsinn.)
- Bedarf die Gemeinde der Belehrung und Information über die Liturgie, und wie verhält sich die vorgesehene Gottesdienstform zu dem, was gerade diese Gemeinde seit langem gewöhnt ist?
- Ist die Gestaltung des Gottesdienstes dem Anlaß angemessen? (Außergewöhnliche Feierformen sind nicht für regelmäßige Wiederholung geeignet [z.B. Kirchentagsliturgien], besondere Anlässe sollen aber auch durch besonderen Stil des Feierns hervorgehoben werden.)
- In welcher jahreszeitlichen und kirchenjahreszeitlichen sowie in welcher politischen Situation findet dieser Gottes-

dienst statt? Entsprechen die liturgischen Formen dieser konkreten und begrenzten Zeit?
- Entspricht die liturgische Form dem Ort, an dem der Gottesdienst stattfinden soll? Große und alte Kirchen erfordern andere Verhaltensformen und Stilmittel als kleine, neue, etwa gar für mehrere Zwecke gebaute Räume.
- Kann ich selbst als LiturgIn dieses spezielle Ritual, diese Gebärde oder Geste usw. ohne Verkrampfung und mit Freude ausführen? Bin ich von ihrem Sinn überzeugt? Wenn nicht, warum unterlasse ich sie nicht?

Und noch einmal: Der Gottesdienst soll formal schön, inhaltlich verständlich und sozial-kommunikativ sein. Er bedarf daher nicht nur inhaltlicher, sondern vor allem auch formal-ästhetischer Vorbereitung. Was dann immer noch oder unvorhergesehenermaßen schiefgeht, tragen wir mit Heiterkeit und Humor. Lachen in der Kirche ist nicht verboten. Lachende Liturgie ist unsere Chance.

Anhang

Karl Bernhard Ritter
Gottesdienst als ganzheitliche Erfahrung*

Mysterium, Mythos, Heilsgeschichte

Wenn Karl Barth gleich im Vorwort zum I. Band seiner Dogmatik fragt, ob man nicht zu weinen Grund habe »über die immer noch zunehmende Verwilderung, Langweiligkeit und Bedeutungslosigkeit des modernen Protestantismus, dem eine ganze dritte Dimension abhanden gekommen« sei, so deutet er damit nach dem Zusammenhang unverkennbar in die Richtung des Mysteriums, dessen Verlust gerade für das gottesdienstliche Leben von der liturgischen Bewegung empfunden wurde. Die Auflösung der in den »alten gottesdienstlichen Formen« zur Erscheinung kommenden Dimension des geistlichen Lebens hat ja eigentlich schon in dem Augenblick eingesetzt, als man dieses Leben mit den Kategorien der Scholastik zu erfassen und in ihnen gültig deuten zu können vermeinte. Die mit dem Wort Mysterium bezeichnete Begegnung des für sie erschlossenen Menschen mit der transzendenten Wirklichkeit hat m.E. Paul Tillich in seiner systematischen Theologie am hilfreichsten umschrieben und gegen alle Mißdeutungen gesichert. »Wenn man gewöhnliche Erkenntnis erlangen will, muß man die Augen öffnen, um Gemeinschaft mit anderen zu haben und die eigenen Einsichten nachprüfen zu können. Ein echtes Mysterium aber

* Stark gekürzt aus der Einführung in »Die eucharistische Feier« 1961. Mit freundlicher Genehmigung des Lutherischen Verlagshauses Hannover.

wird erfahren in einer Haltung, die der Haltung des gewöhnlichen Erkennens genau entgegengesetzt ist. Die ›Augen sind geschlossen‹, weil das echte Mysterium den Akt des Sehens und der Begegnung mit Objekten, deren Gestalt und Beziehung sich dem Subjekt im Erkennen zeigen, transzendiert. Das Mysterium charakterisiert eine Dimension, die der Subjekt-Objekt-Beziehung ›vorausgeht‹. Die gleiche Dimension ist im ›Schließen des Mundes‹ angedeutet. Es ist unmöglich, die Erfahrung des Mysteriums in alltäglicher Sprache auszudrücken, weil diese Sprache aus dem Subjekt-Objekt-Schema erwachsen und an sie gebunden ist. Wenn das Mysterium sich in der Sprache des Alltags ausdrückt, so wird es notwendig mißverstanden, auf eine andere Dimension bezogen, entweiht.« (P. Tillich, Systematische Theologie, Bd. I. S. 132.) Hier ist in der Sprache der Systematik genau jene Begegnung mit der transzendenten Wirklichkeit bezeichnet, die sich uns als Entdeckung der liturgischen Dimension darstellte.

Diese Entdeckung konnte nicht vor sich gehen ohne die Erfahrung, daß das liturgische Geschehen den ganzen Menschen nach Geist, Seele und Leib angeht, ihn in allen seinen Schichten umgreift und in Anspruch nimmt. Eine cartesianisch verkürzte Anthropologie schien uns angesichts der Erfahrung der liturgischen Dimension gänzlich unzureichend. Die Reformation hat den Begriff des »Wortes« für das Medium der Offenbarung gewählt und dementsprechend den »Glauben« als die Verhaltensweise verstanden, die der im Wort geschehenden Offenbarung entspricht. Aber bestand hier nicht die Gefahr, die liturgische Dimension dennoch zu verfehlen? Hat nicht die der Reformation nachfolgende Entwicklung deutlich die Tendenz gezeigt, die Verkündigung des Wortes in Richtung der Unterrichtung, der bloßen Belehrung zu verstehen und damit den Charakter des Gottesdienstes als eines Handelns Gottes an dem ganzen leibhaftigen Menschen zu verfehlen? Ist nicht in der Folge das Sakrament durch die Predigt völlig an den Rand gedrängt worden? Schon die Formel »Wort und Sakrament« deutet auf eine dem Neuen Testament unbekannte Aufspaltung eines einheitlichen Geschehens hin. Denn recht verstanden ist das Wort Sakrament und das Sakrament Wort. Die Entdeckung der liturgischen Dimension ist gleichbedeutend mit der Entdeckung des sakramentalen Charakters des Gottesdienstes. Wieder gibt uns P. Tillich eine hilfreiche Wegweisung: »Die kirchliche Predigt setzt ein Wortverständnis voraus, das dessen Funktion als ›Ausdruck‹ und als ›Bezeichnung‹ umfaßt. Unter diesen Umständen darf es nicht wundernehmen, daß man den Versuch unternommen hat, das Ganze der Theologie zu einer erweiterten Lehre vom ›Wort Gottes‹ zu machen (Barth). Aber wenn das geschieht, muß das Wort entweder mit Offenbarung identifiziert und der Begriff Wort so weit gefaßt werden, daß jede göttliche Selbstmanifestation unter ihm subsumiert werden kann, oder die Offenbarung muß auf das gesprochene Wort beschränkt bleiben, und das ›Wort Gottes‹ buchstäblich statt symbolisch verstanden werden. Im ersten Fall geht der spezifische Sinn des Begriffs Wort verloren; im zweiten Fall bleibt der spezifische Sinn erhalten, aber es gibt keine ohne Wort sich vollziehende Selbstmanifestation Gottes. Das widerspricht jedoch nicht nur dem Sinn der göttlichen Macht, sondern auch der religiösen Symbolik in den biblischen und außerbiblischen Schriften, die, wenn sie die Erfahrung der göttlichen Gegenwart beschreiben, ebenso oft vom Sehen, Fühlen und Schmecken sprechen wie vom Hören. Daher kann das Wort nur dann zum allumfassenden Symbol der göttlichen Selbstmanifestation werden, wenn das ›Wort Gottes‹ sowohl gesehen und geschmeckt als auch gehört wird. Die christliche Lehre von der Inkarnation des Logos enthält das Paradox, daß das Wort Gottes zum Gegenstand des Anblicks und der Berührung geworden ist.« (a.a.O., S. 147f.) Hier wird deutlich, daß die Aufgabe liturgischer Gestaltung und Erneuerung sich auf das Ganze der gottesdienstlichen Handlung richten muß, auf das Wort und den leibhaftigen Vortrag des Wortes, auf die gottesdienstliche Handlung und ihre Ausdruckskraft, auf die Gebärde und den Raum, auf die sinnenhaften Zeichen; denn das alles soll zum »Wort« werden, soll in gegenseitiger Unterstützung, Ergänzung und Zusammenordnung dazu helfen, daß die Liturgie transparent werde, wobei die wartende, fragende, hörende, schauende, gehorsam in den heiligen Dienst eingehende Haltung ja immer nur möglich ist, weil in dem allem die »vorausgehende« Wirkung der Gegenwart Gottes am Werke ist. »Ich könnte Dich nicht suchen, wenn Du mich nicht schon gefunden hättest.« Die ganze Größe der Aufgabe wird aber erst dann sichtbar, wenn wir bedenken, wie sehr das alles für den Menschen unserer Tage verschüttet ist und darum alle Mühe darauf verwandt werden muß, in Wort und Handlung und Gebärde und Zeichen eine »Sprache« zu finden, die nicht unnötige Barrieren aufrichtet, Symbole tradiert, die einer unwiederbringlichen Vergangenheit angehören, und also eine Sprache verwendet, die nicht mehr spricht. Wie völlig verschieden von allen restaurativen Bemühungen stellt sich also die Aufgabe dar, wie wenig ist doch zu hoffen, daß ihr Erfüllung im ersten Anlauf gelingt, wie sehr ist vielmehr zu erwarten, daß wir, wenn es unserem Geschlecht überhaupt noch gegeben ist, nur durch lange Erfahrung und immer neue Bemühung dem Ziele näher kommen werden! Dieser Einsicht entspricht der vorliegende Versuch, die Aufgabe aufs neue anzugehen.

Es ist für uns eine Hilfe, daß auch in der exegetischen Arbeit der Theologen die liturgische Dimension entdeckt worden ist. Die Bericht der Heiligen Schrift sind Kerygma, Zeugnis, sie sind für den gottesdienstlichen Gebrauch (im weitesten Sinne des Wortes) bestimmt. In den evangelischen Berichten will uns das Neue Sein in Christus begegnen. In der liturgischen Proklamation Christi ereignet sich die Wirklichkeit des Reiches Gottes. Dabei ist »die aufnehmende Seite des christlichen Ereignisses von ebenso großer Bedeutung wie die faktische Seite. Und nur aus ihrer Einheit (!) geht das Ereignis hervor, auf dem das Christentum gegründet ist. In der Symbolik der Kirche ist Christus das Haupt der Kirche und diese sein Leib. In diesem Sinne gehören die faktische und die aufnehmende Seite notwendig zusammen« (P. Tillich, a.a.O.). Die Konsequenz ist, daß in dem Ereignischarakter des »Wortes«, das nun nicht wieder panlogistisch mißdeutet werden kann*, die Form, die Gestalt dieses Er-

* Welche Gefahr damit angedeutet ist, zeigt die Feststellung C.G.

eignisses zugleich gegeben und gefordert ist. Die Deutung von Wort und Wahrheit als Größen, die einer reinen Innerlichkeit zugehören, ist erledigt. Was sich ereignet, hat Gestalt und will gestalten. Das Kerygma ist immer schon in eine Gestalt eingegangen, die nicht von seinem Inhalt abzulösen ist. Dem entspricht, daß die Gemeinde, also die »aufnehmende Seite des christlichen Ereignisses«, die dem Ereignis entsprechende Form annimmt, in Verfassung, Bekenntnis, Gebot, Gebärde, Handlung. Liturgie ist also nicht Ausdruck religiöser Subjektivität, nicht Stimmung, nicht religiöse Leistung, nicht Erfüllung eines Gesetzes, sondern hörende, handelnde, den ganzen Menschen auch in seiner Beziehung zum Mitmenschen umgestaltende Begegnung. Die liturgische Dimension ist die Gott und Mensch verbindende Dimension. In der Liturgie korrespondiert der Mensch dem ihn ergreifenden Offenbarungsereignis. Seine Existenz wird in der Liturgie als die auf Gott bezogene Existenz offenkundig, die in dieser Beziehung ihr wahres Sein hat. Liturgie ist die Feier des erlösten, von der Knechtschaft der abgefallenen Welt grundsätzlich befreiten und in die Ekklesia aufgenommenen Menschen. Darum hat die Liturgie stets eschatologischen Charakter. Sie weist über sich hinaus auf das kommende Reich, sie ist gegenwärtige Feier der Zukunft Christi.

Es geht uns um die Liturgie der Kirche, also um die Liturgie in der Kontinuität der heilsgeschichtlichen Erfahrung. Damit ist gegeben, daß die Bemühung um die Gestalt der Liturgie an dem lebendigen Prozeß der traditio teilhaben muß, ohne darum einer erstarrten Tradition verpflichtet zu sein. Diese Verwurzelung in der Geschichte und zugleich diese Freiheit zur Prüfung der Tradition gilt auch gegenüber

---

Jungs: „Im Augenblick nämlich, wo das Wort durch jahrhundertelange Erziehung allgemeine Geltung erlangt, trennt es sich von seiner ursprünglichen Bindung an die göttliche Person. Es gibt dann ebenso eine personifizierte Kirche und – last not least – einen ebenso personifizierten Staat; der Glaube an das „Wort“ wird zur Wortgläubigkeit, und das Wort selber zum infernalen Slogan, der jedes Betruges fähig ist ... die Lüge erreicht Ausmaße, welche die Welt bisher nie gekannt hat.“ (Gegenwart und Zukunft, S. 38)

den gottesdienstlichen Ordnungen der Reformation. Das bedeutet konkret u.a., daß wir uns in der Gesamtstruktur der Liturgie an die abendländische Überlieferung anschließen werden, andererseits die Freiheit haben, uns von ihr radikal zu lösen, wo in ihr der wahre und ursprüngliche Sinn der Feier verdunkelt wird. So wird selbstverständlich das Anliegen der Reformation, jede Mißdeutung der Messe als einer meritorischen Opferleistung auszuschließen, volle Geltung behalten müssen. Aber wir halten die Reduzierung der Liturgie, wie sie Luther um dieses Anliegens willen vorgenommen hat, nicht für gerechtfertigt. Sie erschwert der Gemeinde das volle Verständnis der sakramentalen Handlung, weil der Inhalt und Sinn des »Gedächtnisses« nicht mehr zu betender Entfaltung kommt. (Vgl. H. Chr. Schmidt-Lauber »Die Eucharistie als Entfaltung der Verba Testamenti«). Sein Verständnis wird eingeengt. L. Fendt hat darauf aufmerksam gemacht, daß weder im Neuen Testament noch in den ersten vier Jahrhunderten der Christenheit die dogmatische oder die liturgische Übung zu finden ist, dem Christenabendmahl als solchem die Sündenvergebung zuzusprechen (Jahrbuch für Liturgik und Hymnologie 1956, S. 85). Solche Beobachtungen zeigen, daß es geboten ist, das Abendmahlsverständnis der Reformatoren in seiner Bedingtheit durch eine bestimmte Situation zu verstehen und sich für die lebendige und echte Tradition des Mysteriums in der ganzen Breite und Länge der Geschichte offen zu halten.

Jeder, der die Tatsache ernst zu nehmen versucht, daß die Liturgie leibhaftiges Handeln ist, ist auf protestantischer Seite von dem Vorwurf eines magischen Verständnisses des Gottesdienstes bedroht. Eine auf das rationale, reflektierende Bewußtsein beschränkte Vorstellung vom Personsein übersieht, daß alles persönliche Leben auf einer niemals aufzulösenden naturhaften Basis ruht und alles Denken und Wollen aus unterbewußten Schichten des seelischen Lebens gespeist und bestimmt wird. Der Mensch ist Kreatur unter Kreaturen und lebt im Zusammenhang mit der ganzen Schöpfungswelt. So steht jeder Mensch, ob er sich dessen bewußt ist oder nicht, ob er das will oder nicht, in einem Kraftfeld magischer Wirkungen, die er aufnimmt und die er selbst aussendet. Mit der fortschreitenden Rationalität wird diese ganze Seinsschicht verdrängt, sie erscheint verdächtig, ja unheimlich, und die magische Wirklichkeit wird mit einem negativen Vorzeichen versehen. Man unterscheidet nicht mehr zwischen dem Mißbrauch und dem rechten Gebrauch magischer Fähigkeiten. So dringt denn das allermeiste von dem, was die Kirche zu übermitteln versucht, nicht über den Kopf hinaus, allenfalls wird noch der bewußte Wille durch moralischen Appell in Anspruch genommen. Der magische Raum wird anderen Mächten überlassen, die dort ungehindert den von der Kirche ohne Hilfe gelassenen ungeformten, wehrlosen Menschen überfallen. Wir haben ja die Auswirkung schwarzer Magie in größtem Stil erlebt. So kommt auch die typische Erscheinung des »ernsten Christen« zustande, dem der Seelenkundige sofort abspürt, wie hier die nur gebändigten Triebe wie wilde Tiere im Käfig lauern. Das Gegenbild wäre der hl. Hieronymus im Gehäus, dem der Löwe zu Füßen liegt, weil er die mächtigen magischen Kräfte seiner Natur zum Dienste Gottes befreit hat. Es ist also nicht nur zuzugestehen, sondern zu bejahen, daß in allem echten Kultus die ganze Schicht magischer Beziehungen zur Wirklichkeit mit »im Spiele« ist, einfach deshalb, weil der volle Mensch in seiner unmittelbaren Verbundenheit mit der Natur an magischen Kräften passiv und aktiv teilhat und diese Dimension seines Seins genauso der Heilung bedarf wie der übrige Mensch.

Genauso steht es mit dem Bereich menschlicher Erfahrung, der von dem Mythos als Ausdruck dieser Erfahrung gedeckt wird. Mythisches Denken ist im Gegensatz zum rational-gegenständlichen Denken, das auf Unterscheidung und Abgrenzung beruht, Ausdruck einer totalen Wirklichkeitsbeziehung. Im Mythos geht es um eine ganzheitliche Tiefenschau, er erfaßt die Wirklichkeit nicht als ein Gegenüber, ein bloßes Draußen. Die Wirklichkeit ist für das mythische Denken nicht objektivierbar. Sie ist stets mit Bedeutsamkeit geladen. Die Grenze zwischen Drinnen und Draußen, zwischen »Ich« und »Welt« ist im mythischen Denken aufgehoben. Der Mensch ist handelnd und leidend in den Mythos einbezogen. Er unterliegt also nicht der Abstraktion und ihrer Täuschung, die ihn als in sich geschlossene Einheit gegenüber einer begrifflich erfaßbaren Welt verstehen zu können meint, der Mensch weiß im Mythos darum, daß er selbst ein Feld ist, in dem Mächte von »oben« und »unten« miteinander im Kampfe liegen. So hat das mythische Denken eine Tiefendimension, die das rational-abstrahierende Denken niemals erreichen kann. Für das mythische Denken werden Erscheinungen der äußeren Natur zu Bildern, zu Figuren übersinnlicher Wirklichkeit, sie werden zum Symbol. Wer das Wort »Symbol« in einem abwertenden Sinne gebraucht und davon spricht, daß etwas »nur ein Symbol« sei, also etwas uneigentlich Unwirkliches, hat noch nicht verstanden, daß das Symbol eine Dimension der Wirklichkeit repräsentiert, die auf keine andere Weise zu erschließen ist. Das mythisch-symbolische Denken trägt nicht an eine uns auf andere Weise zugängliche Wirklichkeit deutende und verwirrende, verfälschende, in jedem Fall subjektiv willkürliche Gedanken heran, sondern es erfährt »in, mit und unter« der äußeren Wirklichkeit, inwiefern ihn diese Wirklichkeit »unbedingt angeht« (P. Tillich). Der Schriftsteller des Neuen Testaments unterscheidet also niemals zwischen »objektiver« Historie und ihrer »theologischen Deutung«, weil Geschichte für ihn nur insofern als Inhalt seines Zeugnisses in Betracht kommt, als ihr mythischer Rang zukommt. Schon die Zusammenstellung der beiden Worte »Jesus Christus« ist eine Aussage mit mythischem Gehalt, macht die Gestalt des Jesus von Nazareth zu einer Figur des Mythos. Die Heilige Schrift wird vom wissenschaftlichen Denken als eine Quelle religionsgeschichtlicher Daten gebraucht. Im Raum der Kirche im Kultus wird sie als Buch der Offenbarung, die sich der mythisch-symbolischen Denk- und Vorstellungsformen bedient, gelesen. Das wird daran deutlich, daß die Liturgie den Inhalt der Verkündigung, den Bericht von den großen Taten Gottes zu unserem Heil niemals als die bloße Mitteilung historischer, also räumlich und zeitlich von uns getrennter Ereignisse versteht, sondern in diesem Bericht aussagt, was jetzt und hier, in unserer Mitte und an uns geschieht. Kultus ist gerade dies, daß wir in den Zusammenhang einer unbedingten Wirklichkeit aufgenommen werden, die in jenen Ereignissen erscheint. Im Kultus öffnen wir uns der Gegenwart dessen, was »im Anfang« war und den Inhalt der »Zukunft« ausmacht. Die Weisung »solches tut zu meinem Gedächtnis« zielt nicht auf Jubiläumsfeiern zur Erinnerung an das, was einmal geschehen ist, sondern meint die »Wieder-Holung«, die »Ahmung« (L. Ziegler) des Ereignisses. Das mythische Verständnis der Heilsgeschichte hebt ihre Geschichtlichkeit nicht auf, aber es läßt uns in dieser Geschichte gegenwärtig, mit ihr »gleichzeitig« sein. Freilich, wo das mythische Denken und Erleben unter der Vorherrschaft der Ratio aufgelöst wird, da wird aus den Gestalten, die ihm echte Erfahrung der transzendenten Wirklichkeit vermitteln, eine gespenstische Welt »metaphysischer Gegenstände«, die von dem modernen Wirklichkeitsverständnis her beiseite geschoben und dem Gelächter der Aufklärung preisgegeben werden.

Ist es darum geboten, das mythische Denken auszuschalten und in der Sprache des Begriffs auszusprechen, was »eigentlich« gemeint ist? Ist das möglich? Sicherlich besteht die Aufgabe, in ständiger Wachheit zu prüfen, ob die Symbole, ob die Mythen der Heiligen Schrift uns noch in der überlieferten Gestalt transparent zu werden vermögen. Das Urteil darüber vollzieht sich im Leben der Kirche und kann nicht von einer theologischen Position aus gefällt werden. Aber abgesehen davon, daß mythisches Denken keineswegs als solches schon einer vergangenen, primitiven Stufe der Bewußtseinsentwicklung angehört, sondern gleichzeitig mit einem hochentwickelten rational-wissenschaftlichen Denken ständig unter uns lebendig und wirksam ist, eine solche Ausschaltung müßte alles »beteiligte«, ganzheitliche Denken und Erleben und damit alle ursprüngliche Erfahrung der transzendenten Wirklichkeit unmöglich machen. »Indem die Sprache der Heiligen Schrift und die von ihr erzählte Geschichte den Möglichkeiten des Verständnisses angepaßt werden soll, über die der auf das wissenschaftliche Denken beschränkte Mensch allein verfügt, wird die Aufspaltung der ganzen und lebendigen Wirklichkeit gerechtfertigt, die das besondere Schicksal des modernen Menschen ist, das ihn aus der Weite und Fülle des mythischen Raums in das Ghetto der rational faßbaren Welt verbannt. Entscheidende Sachverhalte entschwinden dem Blickfeld, und an ihrer Stelle gerät das Denken unter die Herrschaft von Vokabeln, mit denen wir uns absperren gegen eine Wirklichkeit, die wir nicht zu sehen und nicht zu begreifen wünschen« (W. Stählin: »Symbolon« S. 53). Mit dem Ende des mythisch-symbolischen Denkens und Erlebens wäre zweifellos auch das Ende des christlichen Kultus, das Ende der Liturgie gekommen und mit ihm auch alle Möglichkeit z.B. einer künstlerischen Bemühung um die Gestalt des christlichen Glaubenszeugnisses. Die heute so dringliche Frage, mit der in der Tat die ganze Bemühung der liturgischen Bewegung steht oder fällt, ist von Paul Tillich in seiner »Systematischen Theologie« mit großer Klarheit gestellt worden (Bd. II S. 164/5): »Entmythologisierung kann zweierlei bedeuten. Wenn man diesen Doppelsinn nicht beachtet, führt die Diskussion zu den Mißverständnissen, die die gegenwärtige Debatte charakterisieren. Entmythologisierung kann bedeuten: Kampf gegen die literalistische (= wörtliche, d.V.) Mißdeutung von Symbolen und Mythen. Das ist eine stets notwendige Aufgabe der Theologie. Sie bewahrt das Christentum davor, in einem Meer abergläubischer Objektivationen des Heiligen zu versinken. Aber Entmythologisierung kann auch bedeuten: Ausscheidung des Mythos als Form religiöser Aussage und sein Ersatz durch Wissenschaft und Moral. In diesem Sinne muß Entmythologisierung abgelehnt werden. Sie würde die Religion ihrer Sprache berauben, sie würde die Erfahrung des Heiligen zum Schweigen bringen. Symbole und Mythen dürfen nicht deswegen kritisiert werden, weil sie Symbole und Mythen sind. Sie müssen daraufhin untersucht werden, ob sie die Macht haben, das auszudrücken, was sie ausdrücken sollen.

Wir leiden darunter, daß die Entwicklung der letzten Jahrhunderte eine einheitliche Gesamthaltung des Lebens zerstört und damit auch den Zusammenhang zwischen Innerem und Äußerem, Seele und Leib, Geist und Gestalt zerrissen hat. Das Wort Goethes: »Nichts ist drinnen, nichts ist draußen, denn was innen, das ist außen« bezeichnet das genaue Gegenteil von dem, was immer mehr und immer ausschließlicher für diese Entwicklung kennzeichnend geworden ist. Eine bloße Innerlichkeit steht ohnmächtig und hilflos einer ungestalteten, undurchdrungenen, ungeformten Außenwelt gegenüber. Es ist aber unmenschlich und es ist unfromm, das Innere und Äußere voneinander zu abstrahieren. C.G. Lewis läßt in seinem bizarren, aber von tiefen Einsichten erfüllten Buch »Dienstanweisung für einen Unterteufel« den Diener der Gegenmacht Gottes, des Satans, dahin instruieren, er habe die ihm zur Verführung überantworteten Menschen davon zu überzeugen, daß die körperliche Haltung für ihr Beten gleichgültig sei: »Denn die Menschen vergessen, daß, was immer ihr Körper tut, auch ihre Seele beeinflußt.« Goethe fordert im Gegensatz dazu in der »pädagogischen Provinz«, daß die Erziehung zur Ehrfurcht mit der Einübung der ehrfürchtigen Gebärde beginne. Wer einmal eine große Schar von Moslems beim Gebet beobachtet hat, der weiß unverlierbar, daß die starke, hinreißende Gebärde, mit der diese Beter sich vor Allah zur Erde niederwerfen, eine überzeugende Kraft hat. Für uns ist es unfaßlich, wie Griechen oder Russen mit unverminderter Andacht einem Stunde um Stunde währenden Gottesdienst bewohnen, ohne daß ihr Körper streikt. Er streikt nicht, weil er in die Andacht gänzlich mit hineingenommen ist.

Wie oft sprechen Gebärden sehr viel stärker als bloße Worte! Was ein Händedruck, ein liebevolles sich zueinander Neigen, die segnende Hand auf dem Haupt, was Stehen, Knien, Sitzen, Schreiten bedeutet, das will erlebt sein. Diese Erfahrung kann nicht durch ein bloßes Wissen um die Bedeutung der Gebärden ersetzt werden. Die liturgische Haltung wird vom wirkenden Logos selbst geschaffen, sie wird als Antwort auf das Ereignis der Begegnung zum Ausdruck dieser Begegnung. Ohne diesen Ursprung bleibt alle Bemühung um die »richtige« Haltung und Gebärde vergeblich. Praktisch kommt dabei nur eine künstliche Feierlichkeit heraus im Gegensatz zu einer geheiligten Natürlichkeit, die unmittelbar als das angemessene und sachgemäße Verhalten empfunden wird. Diese Gefahr droht leider, wenn wir in den Rubriken die rechte Haltung des Liturgen vorzuschreiben versuchen. Auf der anderen Seite ist die Erziehung zur liturgischen Gebärde eine wirkliche Hilfe, um mit dem ganzen leibhaftigen Sein in das liturgische Geschehen einzugehen. Wie unerläßlich aber dieses Eingehen ist, zeigt die nur allzu häufige Beobachtung, daß inneres und äußeres Verhalten auseinanderklaffen oder die Gebärde in lahmen Andeutungen stecken bleibt. Es gibt schlechterdings keinen geistigen Gehalt für uns, ohne daß er Gestalt gewinnt. Das »Wort« offenbart sich immer so, daß es »Fleisch wird« und »Fleisch ist Gefühlssinn und Ausdruck. ... die Körperlichkeit ist heilig, denn ihr fällt eine wesentliche Aufgabe zu: dem Geiste Sinnbild zu sein« (Ortega y Gasset). In der Liturgie wird das Ganze unseres leibhaftigen Daseins gefordert. Alles gewinnt Bedeutung, positive oder negative Bedeutung. Mit der Liturgie sind wir in einer Welt der Symbole und werden selbst zum Symbol.

Liturgisches Geschehen ist symbolisches geschehen, d.h. ein Vorgang, der über sich hinausweist auf die alles irdische Reden und Tun transzendierende Wirklichkeit Gottes. Es gibt für uns keine Vergegenständlichung des Heiligen, keine Objektivierung des Gottesdienstes, darum auch kein Zeremonialgesetz. Der Gedanke einer heiligen Sache, einer heiligen Handlung, eines heiligen Raumes, ja eines heiligen Wortes an sich ist schlechterdings unerträglich, ist Götzendienst. Der Ewige identifiziert sich mit keinem Objekt. Er ist der Lebendige, er ist immer unbedingte Seinsmacht und Person. Das geglaubte Wort, der von uns in Bewegung und Gebärde erfüllte Raum, das geschaute Bild sind Elemente des liturgischen Geschehens. Nur da, wo der gläubig erschlossene Mensch der wirkenden Gegenwart des heiligen Gottes begegnet, ereignet sich Liturgie. Das bedeutet für unsere Lage eine doppelte Gefahr, die Aufgabe zu verfehlen. Auf der einen Seite besteht die Gefahr, daß wir im Hunger nach Gestaltung nach Formen greifen, die wir nicht zu erfüllen vermögen, die nur Formeln bleiben. Das verrät sich sofort in einem geschraubten, künstlichen Wesen oder einer glatten Routine des Liturgen. Ebensowenig geht es an, der Gemeinde einen Ausdruck abzufordern, dem sie innerlich in keiner Weise gewachsen ist. Darum ist es tausendmal besser, mit den kärglichen Formen, mit der schlichtesten, anspruchlosesten Gestaltung sich zu begnügen, wenn sie nur echt und wahr ist. Der Anfang aller Erziehung zur liturgischen Haltung ist darum die Erziehung zur Ehrfurcht, zur Sammlung, zur liebevollen Rücksichtnahme und Hilfsbereitschaft, zur Sorgfalt und zum Ernstnehmen alles dessen, was geschieht. Ausdruck dafür ist ebenso die zuchtvolle Durchführung der wohlvorbereiteten Feier wie die Abwesenheit aller unruhigen Geschäftigkeit. Es gibt einen berechtigten Kampf des wachen Formgewissens gegen alle Nachlässigkeit wie gegen überlebte, erstarrte, bloß traditionelle Formen, die uns nicht mehr zu sagen vermögen. Die Entschuldigung: »das ist ja doch bloß äußerlich« wird nicht zu Unrecht entweder als Ohnmacht oder als Unwahrhaftigkeit, als das Fehlen einer überzeugenden Gesamthaltung empfunden. Die Angst vor der »bloßen Form« hat die Entwicklung bei uns so stark beherrscht, daß wir schließlich bei der Kultivierung der Formlosigkeit angekommen sind. Damit sind wir bei der anderen Gefahr. Denn die Formlosigkeit ist ja auch eine Form, nur die »bloß subjektive« Form. Und die bloß subjektive Form hat so wenig recht, sie vermittelt so wenig, wie die bloß objektive Form. Sie hat keine Symbolkraft. Der Subjektivismus hat in der Sache unrecht und darum hat er auch in der Form unrecht. Der subjektive Ausdruck ist darum, weil er subjektiv echt ist, noch nicht gehaltvoll, zwingend, verbindlich für eine Gemeinschaft, die immer nur im Überindividuellen verbunden sein kann. Wir erleben in unseren Tagen die verzweifelte Lage einer Kunst, die sich ihre Symbole individuell erschaffen muß, weil sie keine gültigen, von einer Gemeinschaft erfahrenen und anerkannten Symbole mehr vorfindet. So liegt die Gefahr vor, daß die Einheit von Innerem und Äußerem, von geistiger und sinnlicher Welt, von Subjekt und Objekt nicht mehr da gesucht wird, wo sie allein zu finden ist, im Heiligen. Dieser Gefahr begegnen wir nur durch den Anschluß an die Gemeinde in ihrem überzeitlichen Leben, wie es in der Kirche und ihrer Tradition erscheint. Es gibt keine heilige Gestalt außerhalb der Gemeinschaft des Glaubens. An ihr teilzuhaben aber bedeutet Zucht.

Nur so können wir zur überzeugenden, bezwingenden Gestalt hinfinden. Und das um so mehr, je entschlossener wir den Fehler vermeiden, den Kultus zweckhaft zu mißdeuten. Ein solches Eintragen des Zweckgedankens liegt auch da vor, wo der Kultus pädagogisch mißverstanden wird. Es ist nur zu verständlich, daß sich den Reformatoren der pädagogische Gesichtspunkt bei ihrer Bemühung um die Ordnung des evangelischen Gottesdienstes aufdrängte. Das ergab sich von selbst bei dem, was für sie die vordringliche erste Aufgabe war, eine neue Gemeinde heranzubilden. Aber die pädagogische Tendenz ist der Tod des echten Kultus. Da, wo ich zweckhaft handle, hört die Feier auf. Liturgie ist zweckfreies Handeln. Ihr Wert und ihre Wirkung liegen in ihrer Bedeutungstiefe, in ihrer Symbolkraft. Man muß erlebt haben, wieviel stärker der echte und reine Ausdruck einer gemeinsamen Erfahrung und Gesinnung zu verpflichten vermag, als jeder noch so gut gemeinte Versuch einer pädagogischen Einwirkung, um ein für allemal sinnvolles, bedeutendes Handeln zu trennen von der selbstverständlich ganz unentbehrlichen Erziehungsarbeit der Kirche. »Gott ist gegenwärtig«, das duldet neben sich keine menschlichen Absichten, kein Streben nach einem Nutzeffekt, auch nicht einem moralischen Effekt. Die liturgische Feier ist Erhöhung, Befreiung, Entbindung des Lebens zur Antwort auf die gnädige Gegenwart Gottes, eine Antwort, die den ganzen Menschen fordert und durchformt. Der Gottesdienst steht repräsentativ für das ganze Leben der Gemeinde, ist typischer, gültiger Ausdruck dieses Lebens als einer geheiligten, im Glauben gegründeten Gesamthaltung. Der Mensch ist aus der Fron seiner irdischen Zwecke entlassen zum befreiten Spiel der Kinder Gottes. Darum liegt über der Liturgie der Glanz der zukünftigen Welt, sie weist über sich hinaus auf die Stunde, da wir »Ihm gleich sein werden, denn wir werden ihn sehen, wie Er ist« (1. Joh. 3,2).

Weil die Liturgie zweckfreies Spiel ist, entbindet sie zur Gestaltwerdung, die über sich hinausweist. Darum geschieht in der Liturgie nichts, was bloß technisch getan sein will, es wird alles, was in ihr geschieht, zum Hinweis, und es sollte darum auch so geschehen, daß dieser Hinweischarakter erkennbar ist: das Anzünden der Kerzen, das Aufschlagen des Buchs, das Herzutragen von Brot und Wein, die Haltung der Hände. Und das alles nicht pathetisch, sondern mit der Andacht und Freude derer, die sich mit Leib und Seele freuen in dem lebendigen Gott. Das beginnt schon beim Einzug in das Gotteshaus, sei es des Chors und der Altardiener, sei es bei der Prozession der ganzen Gemeinde. Wir gehen zu Zwei und Zwei, nicht nur, weil der Herr seine Jünger so ausgesandt hat, sondern weil es hilfreich ist und die Freude erhöht, wenn der andere neben mir schreitet. Die Zwei, die so miteinander einziehen dürfen, werden sich, ehe sie im Zug mit antreten, durch stille Verneigung grüßen. Wir hören auf, wenn wir in das Heiligtum einziehen, Beziehungslose, Einzelne, Vereinsamte zu sein. Es grüßt der Türhüter den eintretenden Gast, es grüßt der Priester seine Diakone, wenn er mit ihnen aufbrechen will zum Altar, es grüßen die Ministranten den Priester, den Lektor, den sie zu ihrem Dienst abholen. Es bleibt durch die ganze Feier hindurch bei solchem Sichgrüßen, dem eindrucksvollen Zeichen lebendig empfundener Gemeinschaft. Aber die Diener des Altars verneigen sich auch grüßend, in Ehrfurcht vor dem Altar, dem Ort der sakramentalen Gegenwart des Herrn in seiner Gemeinde, wenn sie beim Einzug vor ihm angelangt sind, wenn sie zu ihm aufgestiegen sind, so wie jedes Gemeindemitglied, wenn es an seinem Platz angekommen ist, sich in der Richtung des Altars verneigen wird, dem Bekenntnis »Gott ist gegenwärtig« auch den leiblichen Ausdruck gönnend. Warum ist eigentlich die höchste Ehrfurcht und innige Liebe zugleich bezeugende Gebärde des Altarkusses, des Kusses auf das Evangelienbuch bei uns verbannt? Und wenn der Liturg den Altar mit dem Weihrauch einhüllt, wenn er die Altardiener und die Gemeinde mit dem Weihrauch grüßt, so wird damit nur deutlich, daß solches Grüßen immer auch ein anbetendes und fürbittendes Tun ist.

Neben dem Haupt und Angesicht sind die Hände und Arme befähigt zu stärkstem leiblichen Ausdruck für das innere Geschehen. Die liturgische Kleidung verhüllt den Körper, aber sie läßt Angesicht und Hände frei. Zu gesammelter Andacht umschließt die linke, mütterliche, bergende die rechte, die Tathand vor der Brust. (Nur wenn der Liturg ein Buch trägt, was nach Möglichkeit zu vermeiden ist, hält er es mit beiden Händen vor der Brust in ausdrücklichem Tun.) Dies ist die Haltung bei allem Schreiten, bei Anreden an die Gemeinde, beim Hören auf die Lesung. Der Vorleser wird nach dem Gruß die Hände an den Rand des Buches legen, zum sichtbaren Zeichen, daß er jetzt nicht eigene Worte spricht, sondern aus dem Buch vorträgt. Zum Gebet falten wir die Hände, nicht in der verschließenden Gebärde der verschränkten, ineinanderverschlungenen Finger, sondern offen, die Handflächen aneinander gefügt, die Hände nach vorn und oben weisend: Dürers betende Hände! Der Priester erhebt die Hände in Schulterhöhe nach oben geöffnet, wenn er für die Gemeinde vor Gott steht und das Gebet der Kirche spricht. Die Hände segnen, hoch erhoben zum Schlußsegen, und die Rechte zeichnet mit den Schwurfingern das Kreuz. Segnen heißt significare, zeichnen mit dem Zeichen Christi. Wir segnen uns auch selbst, von der Stirn zur Brust, von der linken zur rechten Schulter und nehmen so Sein Zeichen an, bittend, daß unser Leben durch Ihn gestaltet werde. Wenn der Priester die Gemeinde in der Salutatio grüßt, so öffnet er die Hände ihr entgegen zum kleinen Segenszeichen in Brusthöhe. Das gleiche geschieht beim Friedensgruß und vor der Präfation. Gibt es einen stärkeren leiblichen Ausdruck liebender Zuwendung? Der Friedensgruß kann auch mit beiden Händen weitergegeben werden, unter den Altardienern und durch die Reihen der Gemeinde hindurch. Fordert der Liturg zum Gebet auf, so faltet er, der Gemeinde sichtbar, die Hände in ausdrücklicher Gebärde, so seine Worte unterstützend durch diese sichtbare Einladung zur Teilnahme am Gebet. Zum Gebet beim Opfergang breitet er die Arme und Hände aus mit der Gebärde der Darbringung der

Gaben, zur Anamese breitet er die Arme weit aus in Schulterhöhe, eintretend in das Zeichen des Kreuzes. Er segnet die Elemente mit diesem Zeichen, er bezeichnet sie damit als die Christusspeise. Er öffnet die Arme mit einladender Gebärde zu den Worten: »Das Heilige den Heiligen«, er neigt anbetend das Haupt und faltet die Hände, wenn die Gemeinde auf diese Worte antwortet. Immer ist die Sprache der Hände ein Mittun des Leibes, ein Ausdruck des geistlichen Geschehens und zugleich hilfreiches, sichtbares Zeichen für die Gemeinde. Alle Altardiener unterstützen durch ihre Haltung diese Sprache, durch das Falten der Hände zum Gebet, durch das Knien der Ministranten.

Aber auch sichtbare Zeichen dinglicher Art dürfen in der Liturgie einstimmen in den Lobpreis Gottes und in die Verkündigung »Gott ist gegenwärtig«. Da sind vor allem die Kerzen, Sinnbilder des Lichtes Christi, Sinnbilder des sich im Opfer verzehrenden Lebens, Sinnbilder des Gebets. Vielleicht werden Kerzen von den Ministranten gebracht zur Verlesung des Evangeliums, durch das der Herr selbst mit uns redet. Kerzen zu beiden Seiten des Altars werden entzündet zu Beginn des Opferganges, Kerzen herzugetragen zur großen Anbetung des Sanctus. Und warum sollte die evangelische Gemeinde die uralte Symbolik der Osternachtfeier meiden mit dem »Lumen Christi« und der Weitergabe des Lichtes der Osterkerze an die Gemeinde, kennt und liebt sie doch die Kerzen der Adventskränze, des Weihnachtsbaumes, die doch erst sehr viel später Sitte geworden sind. Warum sollte sie keine Lichterprozession feiern dürfen, wie sie zum Feste der Darstellung Christi im Tempel schon in den ersten Jahrhunderten gehalten worden ist? Warum soll nicht auch der Geruchssinn beteiligt werden durch den Weihrauch, der das Gedächtnis so ungewöhnlich unterstützt*. Wie verbindet sich doch mit dem Geruch brennenden Tannenharzes das festliche Erlebnis »Weihnachten«!

* Es darf darauf hingewiesen werden, daß in der evangelisch-lutherischen Gemeinde Marburgs, aber auch in niederhessischen reformierten Gemeinden der liturgische Gebrauch des Weihrauchs bis zum Jahre 1914 sonntäglich üblich war und daß alte Glieder der Gemeinden daran eine deutliche Erinnerung bewahren.

Was geschieht, das geschehe »ausdrücklich«, in der Ehrfurcht des Heiligen Dienstes. Diese Ehrfurcht wird sichtbar in der Art, wie das Enthüllen und Ordnen der Gefäße für das Heilige Sakrament, das Herzutragen der Elemente, das Herzutragen der gesammelten Liebesgaben geschieht, in der Verneigung der Handelnden vor dem Altar, der gegenseitigen Verneigung der einander Zureichenden.

Auch die Verneigung des ganzen Oberkörpers fehlt nicht, zum Sündenbekenntnis, zum Gesang des Sanctus, zum Gesang des Agnus Dei, aber auch bei den Worten des Bekenntnisses, die das Geheimnis der Menschwerdung bezeugen und anbetend preisen. Diese Verneigung macht durch die leibliche Gebärde sichtbar, daß das Bekenntnis nicht dogmatische Belehrung, sondern anbetender Hymnus ist. Und die Gemeinde? Sie wird ganz von selbst durch das Vorbild der handelnden Diener angeleitet, den Leib in ehrfürchtigen Gebärden mit hineinzunehmen in die Andacht und Feier, im Sich-Neigen, im Händefalten, in der Aufnahme des Segenszeichens durch das Sich-Bekreuzigen. Aber man lasse ihr ja nur volle Freiheit. Es halte es ein jeder so, wie es ihm dienlich und natürlich ist. Wo der Eindruck eines geistlichen Exerzierreglements entsteht, da ist ganz gewiß das Ganze verkehrt. Nicht umsonst haben wir die einfachste Form der Feier in ihrer völligen Anspruchslosigkeit vorangestellt. Auch das Feiern will gelernt sein. Man muß hineinwachsen. Es läßt sich nicht organisieren und befehlen. Auch darin lasse man Freiheit, ob die Gemeinde steht, kniet oder sitzt. Es wird sich schon ganz von selbst unter dem Vorbild des Ordners auf der ersten Bank eine gute Sitte herausbilden, die aber mit einer gesetzlichen Regel nichts zu tun hat. Gerade darum, weil es an der unbefangenen Freiheit zur Gebärde weithin fehlt, sind ja unsere Gemeinden so merkwürdig steif, ja geradezu ängstlich.

Das alles, was von der Sprache der Gebärde in der Liturgie gesagt wurde, hat also sein Recht nur, wenn es die Andacht und die Freude mehrt und die Erfahrung, daß die Gemeinde leben darf von dem gnädigen Kommen ihres Herrn, dort, wo auch nur zwei oder drei versammelt sind in Seinem Namen.

Anmerkungen

Vorwort

1 Ich verweise u.a. auf folgende Werke protestantischer Autoren: Albrecht, Chr., Einführung in die Liturgik, Göttingen (V&R) [3]1983; Bieritz, K.-H., Im Blickpunkt: Gottesdienst, Göttingen (V&R)[2]1987; ders., Das Kirchenjahr, München (Beck) 1987; Grethlein, Chr., Abriß der Liturgik, Gütersloh (G. Mohn) 1989; Heimbrock, H.-G., Gottesdienst: Spielraum des Lebens, Weinheim (Kok/Deutscher Studienverlag) 1993; Josuttis, M., Der Weg in das Leben. Eine Einführung in den Gottesdienst, München (Kaiser) 1991; Kalb, F., Grundriß der Liturgik, München (Claudius) [2]1982; Müller, Th., Evangelischer Gottesdienst, Stuttgart (Kohlhammer) 1993; Schmidt-Lauber, H.-Chr./ Seitz, M. (Hg.), Der Gottesdienst, Stuttgart (Calwer) 1992; Volp, R., Gott feiern. Liturgik I/II, Gütersloh (G. Mohn) 1992/1993. Außerdem sei auf die Handbücher der Praktischen Theologie (Berlin 1974ff., Gütersloh 1981ff.) aufmerksam gemacht, die dem Thema »Gottesdienst« ebenfalls ausführliche Kapitel widmen. Eine Zusammenfassung liturgischer Gesichtspunkte durch den Vf. findet sich in D.v. Heymann, Handwörterbuch des Pfarramts, Bd. 1, Landsberg/Lech (mvg) 1978, Art. Gottesdienst, 40 S.

2 Von ruber,a,um = rot: die rot geschriebenen Verhaltensanweisungen in den Agenden.

3 Eine Ausnahme bildet »Die eucharistische Feier« von K.B. Ritter, Kassel (Stauda) 1961, die nicht nur wegen ihrer Rubriken, sondern auch wegen ihrer hervorragenden Einführung besonders zum Studium empfohlen sei (vgl. Anhang). Die neuen römisch-katholischen Rubriken finden sich in leicht überschaubarer Form in der Handausgabe des »Meßbuchs für die Bistümer des deutschen Sprachgebiets«: Die Feier der Gemeindemesse, Einsiedeln/Köln u.a. (Benziger u.a.) 1975. Diese Handausgabe wird zum vergleichenden Studium dringend empfohlen.

4 Zum Gottesdienstbesuch, zur volkskirchlichen Bedeutung insbesondere der Kasualien und zum symbolischen Charakter des zentralen Ausdrucks christlicher Religiosität vgl. u.a. K.-F. Daiber, Gottesdienst unter den Bedingungen der gegenwärtigen Gesellschaft, in: Für den Gottesdienst (Arbeitsstelle f. Gottesd. u. Kirchenmusik d. Ev. -luth. Landesk. Hannovers/Liturg. Konf. Niedersachsens), Hannover 1992, 39/40, 9-20.

5 Vgl. H. Riehm (Hg.), Freude am Gottesdienst. Festschrift für Frieder Schulz, Heidelberg (Selbstverlag d. Hg.) 1988. Vgl. den katholischen Sammelband mit dem gleichen Titel, Stuttgart (Katholisches Bibelwerk) 1983!

6 K.B. Ritter: »Der Mensch ist aus der Fron seiner irdischen Zwecke entlassen zum befreiten Spiel der Kinder Gottes. Darum liegt über der Liturgie der Glanz der zukünftigen Welt...« (AaO., 25) Ganz ähnlich G.M. Martin, aaO. (Lit.verz.), 77ff. Es ist gerade der eschatologische Aspekt der Liturgie, der von der Zweckrationalität befreit; und es ist der spielerische Umgang mit der Symbolik, der die irdische Relativität aller religiösen Ausdrucksformen aufdeckt und Fundamentalismus zu vermeiden hilft.

7 Vgl. u.a. D. Adams/D. Apostolos – Cappadona (Hg.), Dance as Religious Studies, New York (Crossroad) 1990; Th. Berger, Liturgie und Tanz. Anthropologische Aspekte, historische Daten, theologische Perspektiven. St. Ottilien (Pietas Liturgica Studia 1) 1985; H. Cox, aaO., 68-77 u. 224; J.G. Davies, Liturgical Dance. An Historical, Theological, and Practical Handbook. London (SCM Press Ltd.) 1984; C. De Sola, The Spirit Moves: A Handbook of Dance and Prayer. Austin (The Sharing Co.) 1986; G.M. Martin, aaO., 32ff. Weitere Literatur vgl. H.-G. Heimbrock, aaO., 158, Anm. 62.

8 Zur Ausbildung vgl. P. Cornehl, Liturgische Bildung und Ausbildung, in: F.-O. Scharbau (Hg.), Erneuerung des Gottesdienstes, Hannover (Lutherisches Verlagshaus) 1990, 37-78. Vgl. Chr. Bizer, Liturgik und Didaktik, in: JRP 5/1988, Neukirchen-Vluyn 1989, 83-110.

9 Vgl. v. Vf.: Unterricht im Predigen, in: R. Riess (Hg.), Wenn der Dornbusch brennt. Festschrift für Dieter Voll, München (Claudius) 1989, 38-53; außerdem: Lernen, weil es Freude macht, München (Kösel) 1982.

1 Vgl. v. Vf., Rechtfertigung des Körpers. Zur Körpersprache im Gottesdienst – eine Einführung. In: ZGP I/1985, 26-30.

2 K.-F. Daiber, s. Vorwort, Anm. 4; dazu: ders., Gottesdienst als Mitte – Ende eines Mythos? In: ZGP 11/1993, 1, 18-20.

3 Zum Theologiestudium als Vollzug und zum Vollzug von Liturgie als theologischer Lehre vgl. Chr. Bizer, Liturgik und Didaktik, in: JRP 5/1988, Neukirchen-Vluyn 1989, 83-110; ders., Das evangelische Christentum und die Liturgie, in: PTh 82/1993, 148-159; F.-H. Beyer, Was heißt »Kontextualisierung« der theologischen Ausbildung? In: Pastoraltheologische Informationen 12/1992, H. 1, 301-316.

4 Diese Wende vollzog sich nicht nur in der Praktischen Theologie, sondern auch in den anderen theologischen Disziplinen, naheliegend vor allem beim Alten Testament: Für unser Thema relevant C. Westermann, Der Segen in der Bibel und im Handeln der Kirche, München (Kaiser) 1968 (Gütersloh 1981); H.W. Wolff, Anthropologie des Alten Testaments, München (Kaiser) [5]1990.

5 Ein Thema, auf das die gesamte Tiefenspychologie von S. Freud und C.G. Jung bis zu A. Lorenzer und J. Scharfenberg permanent hinzuweisen nicht müde geworden ist.

6 W. Jetter, Symbol und Ritual, Göttingen (V&R) 1978; vgl. dazu H.-J. Thilo, Die therapeutische Funktion des Gottesdienstes, Kassel (Stauda) 1985. Die Kenntnis von Jetters Monographie ist als Voraussetzung für jedes Liturgikstudium und -examen derzeit unerläßlich.

7 M. Josuttis, Der Weg in das Leben, München (Kaiser) 1991. Wenn ich mich in vorliegendem Büchlein auf Josuttis (ohne weitere Angaben) beziehe, ist stets dieses Buch gemeint.

8 Vgl. D. Trautwein, Lernprozeß Gottesdienst, Gelnhausen/Berlin (Burckhardthaus) 1972; Arbeitskreis Gottesdienst und Kommunikation (Hg.), Werkbuch Liturgische Nacht, Wuppertal (Jugenddienst) 1974.

9 Zum politischen Nachtgebet vgl. D. Sölle/F. Steffensky (Hg.), Politisches Nachtgebet in Köln, 2 Bde., Stuttgart/Mainz (Kreuz/Grünewald) 1969ff; Schmidt, K., Das »Politische Nachtgebet«, in: ders. (Hg.), Zum Gottesdienst morgen, Wuppertal (Jugenddienst) 1969, 117ff. Kritisch: M. Josuttis, Gesetz und Gesetzlichkeit im Politischen Nachtgebet, in: EvTh 33/1973, 559-578.

10 Vgl. A.R. Sequeira, Spielende Liturgie. Bewegung neben Wort und Ton im Gottesdienst am Beispiel des Vaterunsers, Freiburg (Herder) 1977.

11 Vgl. F. Steffensky, Wo der Glaube wohnen kann, Stuttgart (Kreuz) 1989; ders., Segnen. Gedanken zu einer Geste. In: PTh 82/1993, 1, 2-11.

12 R. Guardini, Vom Geist der Liturgie, Freiburg (Herder) 1918/1983; ders., Von heiligen Zeichen, Mainz (Grünewald) 1923.

13 O. Casel, Die Liturgie als Mysterienfeier, Freiburg (Herder) [5]1923; ders., Mysterium der Ekklesia, Mainz (Grünewald) 1961; ders., Das christliche Kultmysterium, Regensburg (Pustet) 1932, [4]1960; ders., Das christliche Opfermysterium, Graz (Styria) 1968. Vgl. a. A. Schilson, Theologie als Sakramententheologie. Die Mysterientheologie Odo Casels, Tübinger theologische Studien 18, Mainz (Grünewald) 1982.

14 H.U. v. Balthasar, Herrlichkeit. Eine theologische Ästhetik. 3 Bde., Einsiedeln (Benziger) 1961ff.; H. Rahner, Der spielende Mensch, Einsiedeln (Benziger) [3]1954; J. Pieper, Zustimmung zur Welt. Eine Theorie des Festes. München (Kösel) 1963.

15 Die Liturgik F.D. Schleiermachers ist deshalb grundlegend für unser heutiges Gottesdienstverständnis. Vgl. Chr. Albrecht, Schleiermachers Liturgik, Göttingen (V&R) 1963; E. Jüngel, Der Gottesdienst als Fest der Freiheit, in: ZdZ 38/1984, 246-272; Der evangelisch verstandene Gottesdienst, in: ders., Wertlose Wahrheit. Theologische Erörterungen, Bd. III, München (Kaiser) 1990, 283-310. Kritisch zur Kategorie der Darstellung: P. Cornehl, Theorie des Gottesdienstes – Ein Prospekt. In: ThQ 159, Tübingen 1979, 178-195. Die zahlreichen weiteren wichtigen Publikationen P. Cornehls zur Liturgik können hier nicht alle aufgelistet werden, vgl. aber P. Cornehl, Art. Gottesdienst VIII, in: TRE 14, Berlin 1985, 54-85.

16 Vgl. A. Grözinger, Praktische Theologie und Ästhetik, München (Kaiser) [2]1991; ders., Der Gottesdienst als Kunstwerk, in: PTh 81/1992, 10,443-453; ders., Die Sprache des Menschen. Ein Handbuch. Grundwissen für Theologinnen und Theologen, München (Kaiser) 1991.

17 Dieser sehr treffende Begriff findet sich bei E. Herms in: ders., Glaube, in: W. Härle/R.Preul (Hg.), Marburger Jahrbuch Theologie IV, 1992, 79-97, hier: 83.
Zum Thema vgl. auch E. Herms, Gottesdienst als »Religi-

onsausübung«, in: Gottesdienst und öffentliche Meinung, Stuttgart/Freiburg (Calw/Herder) 1977, 147-168 (wieder abgedruckt in: ders., Theorie für die Praxis. Beiträge zur Theologie, München (Kaiser) 1982, 337-364).

18 Zur Unterscheidung von digitaler und analoger Kommunikation vgl. W. Jetter, aaO., 48 u.ä.; P. Watzlawick, J.H. Beavin, D.D. Jackson, Menschliche Kommunikation, Bern (Huber) [4]1974, 61-68 u.ö.

19 S. Langer, Philosophie auf neuem Wege, Frankfurt (Fischer) 1965; vgl. u.a. A. Lorenzer, Das Konzil der Buchhalter, Frankfurt (Suhrkamp) 1984; J. Scharfenberg/H. Kämpfer, Mit Symbolen leben, Olten (Walter) 1980.

20 Zum Gebrauch der Vokabeln Ritus, Zeremoniell und Liturgie vgl.: P. V. Marshall, Art. Liturgie, (Übs.: D. Voorgang), EKL, Bd. 3, Sp. 149ff., Göttingen (V&R) [3]1992; C. Colpe, Art. Ritus, EKL, Bd. 3, Sp. 1660ff., Göttingen (V&R) [3]1992; A. v. Campenhausen, Art. Zeremoniell, in: Zeitw. 63/1992, 2, 113-115; E. Hauschildt, Was ist ein Ritual? In: WzM 45/ 1993, 1, 24-35.

21 Vgl. u.a. A. Grözinger, aaO.; aber auch R. Bohren, ...daß Gott schön werde. Praktische Theologie als theologische Ästhetik, München (Kaiser) 1975; R. zur Lippe, Sinnenbewußtsein. Reinbek (Rowohlt) 1987.

22 Vgl. R. Otto, Das Heilige. Über das Irrationale in der Idee des Göttlichen und sein Verhältnis zum Rationalen, München (Biederstein) [26/27]1947; G. v. d. Leeuw, Phänomenologie der Religion, Tübingen (Mohn) [4]1977; ders., Vom Heiligen in der Kunst, Gütersloh (Mohn) [3]1957; M. Eliade, Die Religionen und das Heilige, Salzburg (Müller) 1954.

23 Vgl. V. Vajta, Die Theologie des Gottesdienstes bei Luther, Göttingen (V&R) [2]1954; dazu v. Vf., Art. Gottesdienst, in: D.v. Heymann (Hg.), Handwörterbuch des Pfarramts. Führungs- und Arbeitstechniken für Kirche und Gemeinde. München/Landsberg am Lech (mvg/W. Dummer) 1978. Bd. 2 G-M, S. 1-40.

24 Vgl. F. Riemann, Grundformen der Angst, München/Basel (Reinhardt) 1975; s.a. A. Denecke, Persönlich predigen, Gütersloh (Mohn) 1979. Zur Pastoralpsychologie d. Liturgik vgl. v. Vf.: Psychologische Aspekte der Liturgiewisenschaft, in: K. Schlemmer (Hg.), Gemeinsame Liturgie in getrennten Kirchen? Freiburg (Herder) 1991, 119-133.

25 Vgl. dazu M.L. Möller, Zwei Personen – eine Sekte, in: ders.,

Die Liebe ist das Kind der Freiheit, Reinbek (Rowohlt) 1990 (rororo Sachbuch 980), 129-186. Hier wird u.a. über die *entwicklungspsychologisch bedingte Relativität* verschiedener Formen von Beziehungswahn und Kollusion gesprochen (163), die religiöse Parallelen aufweisen. Auch über die »Rhythmisierung des neuen Daseins« (der Verliebtheit) durch Ritualisierung finden sich interessante Bemerkungen (174), die in unseren Kontext übertragbar erscheinen. – Speziell zum Kitsch vgl. W. Hahne, aaO. (Lit.verz.), 150-168, der eine wesentlich strengere Auffassung vertritt. –
Immer wieder werden zwei fundamentale Frömmigkeits- bzw. Kultstile gegeneinander ausgespielt: das scheinbar unverbindliche Ritual eines volkskirchlichen öffentlichen Hauptgottesdienstes und das scheinbar so viel persönlichere Geschehen innerhalb einer kleineren Gruppe engagierter Christen (Freikirchen, Sekten, Auslandsgemeinden, relativ spontane interne und nicht regelmäßige Feiern geschlossener Gruppen, z.B. auf Kursen und Tagungen). Das erste wird als distanziert, formal und traditionell, das zweite als Spontaneität, Nähe und Geborgenheit vermittelnd, verbindlich und dem Evangelium besser entsprechend empfunden. Ich halte diese Alternative im Sinne einer Wertung für grundfalsch. Die beiden Kultstile unterliegen verschiedenen sozialpsychologischen Gesetzmäßigkeiten, entsprechend verschiedenen Situationen, Zielsetzungen und Bedürfnissen und müssen aus ihrem jeweiligen sozialen und politischen Kontext heraus verstanden werden. Erwartet man die Effekte des spontanen Festes der kleinen Gruppe von einem organisierten und strukturierten Festritual einer öffentlich und regelmäßig feiernden Großgruppe, stellt sich zwangsläufig Enttäuschung ein. Will man die Feier einer Großgruppe nach dem Muster einer Kleingruppenfete gestalten, kann es zu erheblichen Peinlichkeiten kommen. Der Typus der Kleingruppenfeier ist exklusiv, der des Großgruppenrituals inklusiv (obwohl oft das Gegenteil behauptet wird). Die beiden Modelle entsprechen außerdem zwei prinzipiell verschiedenen Vorstellungen von Gemeinde. Vgl. auch Chr. Möller, Die Lehre vom Gemeindeaufbau, 2 Bde., Göttingen (V&R) 1987/1990.

26 Ich formuliere hier rein phänomenologisch und funktional, nicht im Interesse einer autoritär-hierarchischen Theologie des kirchlichen Amtes. Der Frage nach der Ordination, die auch unter religionswissenschaftlichen Gesichtspunkten nicht

uninteressant ist, kann in unserem Zusammenhang nicht nachgegangen werden. Vgl. u.a. K.-W. Dahm, Beruf: Pfarrer, München (Claudius) 1971; K. Frör/W. Maurer, Hirtenamt und mündige Gemeinde. Ein theologisches Votum zur Kirchenreform. München (Claudius) 1966; J. Heubach, Die Ordination zum Amt der Kirche, Berlin (Lutherisches Verlagshaus) [1]1956.

27 Eine andere Aufteilung, z.B. Trennung der Repräsentanten der Gottheit und der Menschen, ist denkbar, sie würde auch die liturgischen Wendungen überflüssig machen. Aber gerade die Repräsentanz beider Sphären, der göttlichen und der menschlichen, in *einer* Person, die dadurch nolens volens Mittlerfunktionen übernimmt, stellt ein anthropologisches und theologisches Grundphänomen dar: die innerhalb der Immanenz erfolgende Funktion des Transzendierens und das inkarnatorische Credo, das Dilemma von Chalcedon, das die religiöse Selbstinterpretation des Menschen optimal artikuliert.

28 Vgl. die schon klassische Studie von E. Jones, Die Empfängnis der Jungfrau Maria durch das Ohr, in: E. Jones, Zur Psychoanalyse der christlichen Religion, Frankfurt/M. 1970 (Suhrkamp), 37-128.

29 Zu Bildprogrammen in Kirchen vgl. H.-C. v. Haebler, Das Bild in der evangelischen Kirche, Berlin (Evangelische Verlagsanstalt) 1957; Art. Bildprogramme, in: H. Sachs, E. Badstübner, H. Neumann, Christliche Ikonographie in Stichworten, München (Kösel) 1975, 63f.

30 Der liturgische Gesang wird derzeit in weiten Teilen der EKiD sträflich und ohne plausiblen Grund vernachlässigt. Dies liegt nicht zuletzt an einer mangelhaften Ausbildung. Pfarrerinnen und Pfarrer, die zwar Choräle anstimmen, aber die Liturgie nicht singen »können«, beherrschen einen wichtigen Teil ihres »Handwerks« nicht. Man stelle sich vor, DarstellerInnen beim Musiktheater weigerten sich, ihre Rollen zu singen! Die Konsequenzen dort wären eindeutig. Vgl. u.a. Josuttis, aaO., 172-304!

31 Es ist ein verhängnisvolles Mißverständnis von »Verkündigung«, den Auftrag der Kirche vor allem in einer Art inhaltlich fixierter nichtmetaphorischer Glaubensinformation, die auf derselben Ebene angesiedelt ist wie andere Nachrichten, Informationen und Mitteilungen, zu sehen. Aufgrund dieses oberflächlichen und rationalistischen Mißverständnisses wird

die »frohe Botschaft« zu banaler Aufklärung über (bestenfalls) weisheitliche Sachverhalte (Wie lebt und stirbt man besser?), die mit anderen Rezepten zur Verbesserung der Lebensqualität nach Marktgesetzen konkurrieren und durch Werbung im kommerziellen Stil verbreitet werden muß. Die religiöse bzw. geistliche und ästhetische Dimension dessen, was wir »Glauben« nennen, ist damit ausgeblendet. H.W. Dannowski drückt das zentrale Anliegen folgendermaßen aus: »Die Kirche ist eine Agentur der Traditionsweitergabe... traditionellerweise ist das abendländische Denken auf Einheit, auf Widerspruchslosigkeit und Totalität bezogen; die Kirche ist im großen und ganzen... ein wichtiger Exponent dieses Denkens. – Dagegen herrschen in der Kunst und Kultur andere Zusammenhänge vor. Dort herrscht ein Denken der Vielfalt, der Differenz, der Nicht-Identität. Dort wird die Dominanz des Rationalismus in Frage gestellt und ihm eine Logik der Wahrnehmung und der Sinnlichkeit entgegengestellt.« (H.W. Dannowski, Schnittstellen. Erfahrungen mit Kirche, Film und Öffentlichkeit, in: PTh 81/1992, 12, 494-501, hier: 498.) Eine Kirche, die wie totalitäre politische Systeme in Gegensatz zur Kunst gerät, dürfte ihrer Tendenz zum Fundamentalismus und zur ideologisierenden Vergötzung relativer (weil symbolischer) Inhalte erlegen sein. Daß Gottesdienste als langweilig erlebt werden, hängt mit eben dieser Fixierung auf nicht metaphorisch verstandene theologische Inhalte und der über lieblosen Dilettantismus nicht hinauskommenden Vernachlässigung des liturgischen Vollzugs zusammen. H.-J. Benedict geht ins Kino und fragt verschämt: »Hätte Jesus, wenn er jetzt lebte, nicht den Film als Verkündigungsform gewählt und so einen Faßbinder-Film gemacht?« (PTh 81/1992, 12, 481.) Eben nicht! Und wenn er es getan hätte, wollte ich mit diesem humanistischen Missionar nichts weiter zu tun haben. Filme sind dort gut, wo sie nicht »verkündigen« (und wäre es ästhetisch und moralisch optimal), Predigten sind dort gut, wo sie nicht »predigen«, und Gottesdienste sind dort gut, wo sie »als Ort der Schaulust, der Unterhaltung und der intensiven emotionalen Beteiligung«, ja als Vergnügen aufgefaßt werden können (vgl. W. Schneider-Quindeau zum Kino, in: PTh, aaO., 492). Zur Lieblosigkeit protestantischer Gottesdienstgestaltung vgl. Ch. v. Lowtzow, Mit lieblosen Gottesdiensten Gottes Liebe feiern? Stuttgart (Kreuz) 1990. – Ich gehe davon aus, daß Fundamentalismus wesentlich auf der durch den naturwissenschaftlichen Positivismus unserer Zeit geförderten Unfähigkeit zur Unterscheidung digitaler und analoger Kommunikation (vgl. K. 1, Anm. 18), der Unterscheidung also von »banaler« und symbolischer Interaktion (mit M. Luther könnte man auch sagen: von Gesetz und Evangelium) sowie von Symbol und Symbolisiertem, beruht. Die Gleichsetzung von Symbol und Symbolisiertem, von Geschichte und Historie sowie von certitudo und securitas (M. Luther) haben Fundamentalisten und Psychotiker gemeinsam. Vgl. u.a. St. Pfürtner, Fundamentalismus – Die Flucht ins Radikale. Freiburg (i.Br.), Basel, Wien (Herder) 1991. J. Track, Fundamentalismus im Christentum, in: PTh 81/1992, 4, 138-155.

32 Die verschiedenen biblischen Aussagen zur »Lohnfrage« sind freilich widersprüchlich und ambivalent. Einmal wird »himmlischer Lohn« verheißen (Frommsein lohnt sich), das andere Mal die Spekulation darauf abgelehnt (Frommsein hat seinen Lohn in sich selber, die eine Hand soll nicht wissen, was die andere tut, u.ä.). Dennoch gilt in allen Religionen, daß der Lohn der Frömmigkeit nicht manipulierbar, sondern Geschenk, nicht Ziel, sondern Folge der Frömmigkeit ist. Das sog. Do-ut-des-Denken, das Religionen häufig unterstellt wird, scheint mir religionsgeschichtlich eine relativ späte und perverse Entwicklung von Religionen und ihrer »Biographie« zu sein. Vgl. u.v.a. Mt. 6,3; Mt. 20,1-16; Lk. 6,23; Röm. 2,6 mit Röm. 3,23f u. 28.

33 Vgl. Vorwort Anm. 6. Dazu u.v.a. I. Illich: »Ich möchte meinen Glauben ohne jeden Zweck feiern.« (In: ders., Schulen helfen nicht. Reinbek [Rowohlt] 1972, 43); vgl. G.M. Martin, aaO., 66ff.; W. Jetter, aaO., 65ff. u.ä.; dazu: O. Seydel, Spiel und Ritual, in: WPKG 60/1971, 507-515.

34 Vgl. E. Herrigel, Zen in der Kunst des Bogenschießens, Weilheim (Barth) [15]1972; K. Graf Dürckheim (Hg.), Der zielfreie Weg. Im Kraftfeld initiatischer Therapie, Freiburg (Herder) 1982. Aus dieser Einstellung heraus ergibt sich die Notwendigkeit ehrfürchtiger Präsenz und Konzentration auf die Mitte hin (repräsentiert im Altar) durch ausatmendes (singendes, seufzendes) Loslassen des Alltags und seiner Zerstreuungen als Voraussetzung jener Offenheit, die das Leben, Eigenleibgewißheit, Urvertrauen, also Glauben, Lieben und Hoffen, als Geschenke empfängt. Die diesen Sachverhalt anerkennende Gebärde ist die Verneigung.

35 Vgl. G. Stiller, Liturgie – nur eine Rahmenhandlung? In: Lutherische Kirche in der Welt 40, Erlangen (M. Luther Verlag) 1993, 129-158. – Der Begriff »Liturgie« kommt vom griechischen »leitourgia« (Dienst des Volkes, öffentlicher Dienst). Durch die Septuaginta erhielt er die allgemeine Bedeutung von Opferdienst (vgl. die kultische Bedeutung des Wortes Lk. 1,23; Phil. 2,17; Hebr. 8,6; 9,21; die profane Verwendung 2. Kor. 9,12; Phil. 2,30). Vgl. M. Voigt, Art. Liturgie, in: TRT Bd. 3, Göttingen (V&R), ^{2}1974, 32f.

Kapitel II

1 Vgl. u.v.a. das wichtige Buch von A. Nitschke, Körper in Bewegung, Stuttgart (Kreuz) 1989.
2 Vgl. K. Winkler, Werden wie die Kinder? Christlicher Glaube und Regression, Mainz (Grünewald) 1992.
3 Die Formulierung dieses wichtigen Kommunikationsprinzips stammt von R.C. Cohn, der Begründerin der Themenzentrierten Interaktion; vgl. v. Vf.: Lernen, weil es Freude macht, aaO.; ferner C. Löhmer/R. Standhardt (Hg.), TZI. Pädagogisch-therapeutische Gruppenarbeit nach Ruth C. Cohn, Stuttgart (Klett-Cotta) 1992.

Kapitel III

1 Matthäus: Mensch bzw. Engel, Markus: Löwe, Lukas: Stier, Johannes: Adler. Daß der Ambo seit der ersten Hälfte des 13. Jahrhunderts (Niederlande) häufig von einem Adler gestützt wird, hat seinen Grund in der Auffassung, der Adler als Inspirationsträger und johanneisches Symbol stehe dem Logos (Joh. 1,1ff.) besonders nahe. Der Adler wird, u.a. aufgrund alttestamentlicher Stellen, auch als Symbol von Auferstehung und Jüngstem Gericht gedeutet. Vgl. H.G. Lempertz, Art. Adlerpult, in: O. Schmidt (Hg.), Reallexikon zur deutschen Kunstgeschichte, Bd. I, Stuttgart 1937, Sp. 187-195.
2 Zur Geschichte der Kanzel vgl. P. Poscharsky, Die Kanzel. Erscheinungsform im Protestantismus bis zum Ende des Barock, Gütersloh (Mohn) 1963; ders.: Artikel ›Kanzel‹, TRE XVII, Berlin u.a. 1988, 599-604.
3 Vgl. v. Vf., Unterricht im Predigen. Didaktische Überlegun-

gen zur homiletischen Ausbildung. In: R. Riess (Hg.), Wenn der Dornbusch brennt... Festgabe für Dieter Voll, München (Claudius) 1989, 38-53.

4 Vgl. M. Kleßmann, Ärger und Aggression in der Kirche, Göttingen (V&R) 1992.

5 Segnen kommt von signare = kennzeichnen. Zum Segen vgl. u.a. C. Westermann, aaO. (K. I, Anm. 4); ferner K.P. Jörns, Segen und kein Fluch? Überlegungen zur Einheit Gottes im Vorfeld der Praktischen Theologie. BThZ1, 1984, S. 255-273; außerdem v. Vf.: Umgang mit der Sinnlichkeit. Über den Segen und das Segnen, in: EvKomm 12/1979,4, 208-210. Vgl. K. I, Anm. 11!

6 Vgl. dazu die interessante Studie von E.H. Erikson, Der junge Mann Luther, Reinbek (Rowohlt) 1970, K. II (Der Anfall im Chor), 24-51.

7 Genaueres zu den liturgischen Gewändern: Lutherische Liturgische Konferenz Deutschlands (Hg.), Liturgische Kleidung im evangelischen Gottesdienst, Hannover 1991 (zu beziehen über die Geschäftsstelle der LLKD, Herrenhäuser Str. 12, 30419 Hannover). Dort auch die wichtigste Literatur: 53ff. Grundsätzliche Überlegungen: Chr. Trappe, Reformation im Kleiderschrank? In: PTh 81/1992, 3, 117-130; dazu v. Vf.: Stola statt Beffchen. Protestantismus und Sinnlichkeit – anhand eines Details. In: DtPfrbl 90/1990, 2, 45-47.

8 EKG von 1954, Nr. 135. Daß diese narrative Fassung des Sanctus von M. Luther im neuen Evangelischen Gesangbuch nicht mehr enthalten ist, empfinde ich als Skandal.

9 Ein Grund früher Christenverfolgungen bestand bekanntlich in der Weigerung der Christen, dem Kaiserstandbild Weihrauchkörner zu streuen. Durch den Gebrauch beim Kaiserkult und in heidnischen Religionen geriet der Weihrauch bei den frühen Christen ins Zwielicht und galt als Zeichen des Abfalls. Als unter Konstantin das Christentum Staatsreligion wurde, empfing auch der heidnische Weihrauch seine »Taufe«. In der seit der Reformation evangelischen Marburger Elisabethkirche wurden bis ins 20. Jahrhundert hinein nicht nur Meßgewänder, sondern auch Weihrauch verwendet.

10 Das Wort inzensieren bzw. Inzens (Weihrauch) kommt von incendere = anzünden. Im Jerusalemer Tempel entzündete der Priester jeden Morgen und Abend ein Rauchopfer auf dem Altar vor dem Vorhang, der das Allerheiligste verdeckte

(Ex. 30,1-10; Lk. 1,8-23). Weihrauch wurde zum Desinfizieren und zur Verbesserung der Luft bei Krankheit und Todesfällen, daher auch an Plätzen, wo Schlachtopfer dargebracht wurden, verwendet. Er galt als besonders wertvolles Geschenk (Hld. 3,6; Mt. 2,11; Phil. 4,18; Offb. 18,13), Gott wohlgefällig und Sündenvergebung bewirkend (Lev. 16, 12f.; Num. 16,46ff.; Dt. 33,10). Weihrauch galt stets auch als Zeichen der aufsteigenden Gebete des Gottesvolkes (Ps. 141,2; Offb. 5,8; 8,3f.). Er wird im Alten und Neuen Testament als Zeichen der Verehrung und Ehre Gottes betrachtet (1. Kön. 8,10f.; Jes. 6,6ff.; Ez. 44,4; Offb. 15,8). Zacharias hatte seine Vision beim Rauchopfer (Lk. 2, 8-23). In manchen Gegenden der Alpen werden heute noch Haus und Ställe in den sog. Rau(c)hnächten, vor allem an Epiphanias, »ausgeräuchert«. Die archetypische Bedeutung und psychosomatische Wirksamkeit von Duftstoffen erfährt derzeit eine Wiederentdeckung durch das beliebte Aufstellen von Duftlampen und die sog. Aroma-Therapie. Vgl. a. A. Adam / R. Berger, Art. Duft, in: dies., Pastoralliturgisches Handlexikon, Freiburg (Herder) 1980, 113; dies., Art. Weihrauch, ebd. 554f.

Kapitel IV

1 Josuttis widmet dem Gehen gleich zwei Kapitel, am Anfang und Ende seines Buches über den Weg.
2 In Insel- und Pfahlbau- bzw. Küsten- und Flußkulturen kommen auch Schwimmen und Tauchen bei kultischen Festen vor.
3 P. Watzlawick u.a., Menschliche Kommunikation, Bern (Huber) [4]1974, 50-53 u.ö.
4 Vgl. zum folgenden A.R. Sequeira, aaO. (1987), 28ff. Zur Beziehung zwischen liturgischer Gebärden- und indogermanischer Runensprache vgl. K. Spiesberger, Runenexerzitien, Freiburg i.Br. (Bauer) [4]1976; A.A. Schwarz u.a., Wyda. Die Kraft der Druiden, ebd. 1989.
5 Ebd., 30ff.
6 Zum Symbol des Lammes bei M. Luther vgl. Ch. Markschies »Hie ist das recht Osterlamm«: Christuslamm und Lammsymbolik bei Martin Luther und Lucas Cranach, in: ZKG, 102/1991, 2, 209-230.

1 Cox, aaO., 108.
2 Ebd., 215 (in Bezug auf den Abschied der Katholiken von ihrer Sehnsucht nach dem 13. Jahrhundert und auf die Protestanten, die von »einigen Zügen des mittelalterlichen Lebens« und des Katholizismus durchaus lernen könnten, nämlich »Festlichkeit und Phantasie«).
3 Corporale: von corpus = Erinnerung an die weißen Leinentücher, in die der Leichnam Jesu gemäß damaliger Sitte gewickelt war (Lk. 23, 53; Joh. 11, 44; 19,40; 20,6f.).
4 Zur Konzelebration vgl. Mehl, aaO. (Lit.verz.), 100ff. Sie ist im protestantischen Raum nicht nur beim Austeilen des Abendmahls, sondern bei Festgottesdiensten aller Art, Ordinationen u.ä. durchaus üblich. Sie sollte jedoch auch bei »normalen« Gottesdiensten zunehmen. Wichtig ist, daß die Verteilung der liturgischen Aufgaben genau abgesprochen wird.
5 Zur Begrüßung gibt die Erneuerte Agende gute Hinweise: Entwurf, 462f., zu den Abkündigungen: 501.
6 Vgl. die Etymologie von »Orientierung«! Die Wendungen erfolgen meist nach dem Grundsatz »cor semper ad altarem«, also indem die rechte Schulter bzw. Körperseite gedreht wird, während die linke quasi am Ort bleibt. Die seit dem 2. Vaticanum aufgekommene Mode, »versus populum«, also hinter dem als gemeinsamer Tisch verstandenen Altar, zu zelebrieren, verzichtet zugunsten des Gemeinschaftsgedankens auf eine Reihe von symbolischen Darstellungsmöglichkeiten, ähnlich die protestantische Unsitte, vor dem Altar wie ein Lehrer permanent der Gemeinde zugewandt zu zelebrieren. Vgl. F. Merkel, Im Angesicht der Gemeinde – Celebratio versus populum. ThEx heute, NF 166, München (Kaiser) 1970.
7 Zum Stehen und Sitzen vgl. Josuttis, aaO. passim.
8 Das Graduale hat seinen Namen von den Altarstufen (gradus), evtl. auch den Stufen vor dem Ambo, vor oder auf denen es ursprünglich angestimmt wurde, nachdem die Eingangsprozession dort angekommen war.
9 Dankopfer, Opfergang: Früher gingen die Gemeindeglieder dabei zum Altar und brachten ihre Gaben. Dieser Brauch hat sich bis heute in vielen Kirchen der Ökumene erhalten.
10 Präfation: von praefatio = Vor-Rede (Vorwort), das bedeutet einmal das dem eigentlichen »Kanon« der zentralen Abend-

mahlsgebete vorausgehende Einleitungsgebet, zum anderen das Gebet, das vor der versammelten Gemeinde gebetet wird (prae hier lokal verstanden). Von diesem festlichen Gebet leitet die Christenheit einen der schönsten Namen ihrer zentralen Glaubensfeier ab: »Eucharistie« heißt »Danksagung« und weist zugleich auf die Verba testamenti hin (»Lasset uns Dank sagen...«; »dankte und brach's«: 1. Kor. 11, 24a par.). Josuttis (276) meint: »Wahrscheinlich wird der Vortrag der Präfation durch den Liturgen weitgehend darüber entscheiden, ob die Anwesenden sich auf diese Himmelsreise der Seele einlassen und in den himmlischen Lobgesang einstimmen können.« Bei der Feier des Abendmahls darf die Präfation *niemals* weggelassen werden: »Lasset uns Dank sagen dem Herrn, unserm Gott!«

11 Von epikaleo = ich rufe herab. Es handelt sich um die Bitte um den Heiligen Geist.

12 Erinnerungs- oder Gedächtnisgebet (von anamnesis = Gedächtnis, 1. Kor. 11, 25b).

13 Zur Elevation vgl. Mehl aaO., 78ff.

14 Hinweise zur Gestaltung der Austeilung finden sich in der Erneuerten Agende: 115, ferner in Brinkel/Roth, aaO. (Lit.-verz.), 75f.

15 Erneuerte Agende 655, Brinkel/Roth, aaO., 77.

Kapitel VI

1 Ritter, aaO., 235.

2 EKG (1954) Nr. 20/EG 29.

3 Vgl. zum ganzen Abschnitt Erneuerte Agende (Vorentwurf), 24ff.

Kapitel VII

1 J. Matthes, Gottesdienst und Gesellschaft, in: epd-Dokumentation 46/90 »Zur Rolle des Gottesdienstes in der Gesellschaft und in der Kirche«, Frankfurt/M. 1990, 1-14, bes. 9f. Matthes fordert einerseits eine stärkere gottesdienstliche Akzentuierung der Kasualien, kritisiert andererseits die »amtskirchliche Gottesdienstzentriertheit« (13). Vgl. ders., Volkskirchliche Amtshandlungen, Lebenszyklus und Lebensge-

schichte, in: ders. (Hg.), Erneuerung der Kirche – Stabilität als Chance? Gelnhausen/Berlin (Burckhardthaus) 1975, S. 83-112.

Zu den Kasualien allgemein vgl. u.a. F.K. Barth/G. Grenz/P. Horst, Gottesdienst menschlich. Taufe, Konfirmation, Abendmahl, Eheschließung, Beerdigung – Eine Agende, Wuppertal (Jugenddienst) ^{2}1974; außerdem: Th. Müller, Konfirmation – Hochzeit – Taufe – Bestattung. Sinn und Aufgabe der Kasualgottesdienste, Stuttgart (Kohlhammer) 1988; W. Jetter, Der Kasus und das Ritual, in: WPKG 65/1976, 208ff.; R. Riess, Die Krisen des Lebens und die Kasualien der Kirche, in: EvTh 35/1975, 71ff.

2 Vgl. Th. Schnitzler, Kirchenjahr und religiöses Brauchtum neu entdeckt, Freiburg (Herder) ^{8}1989.

3 Zur pastoralpsychologischen Bedeutung der Kasualien hat sich vor allem H.-J. Thilo geäußert: Beratende Seelsorge, Göttingen (V&R) 1971. Thilo leistet allerdings unter seelsorgerischen Gesichtspunkten der Privatisierung der Kasualien Vorschub. Vgl. auch R. Riess, Die Krisen des Lebens und die Kasualien der Kirche, in: ders., Sehnsucht nach Leben, Göttingen (V&R) 1987, 115ff. Zur Beerdigung vgl. besonders B. Klaus/K. Winkler, Begräbnis-Homiletik. Trauerhilfe, Glaubenshilfe und Lebenshilfe für Hinterbliebene als Dienst der Kirche, München (Claudius) 1975.

4 Zur pastoralpsychologischen Bedeutung der Passageriten insgesamt vgl. A. v. Gennep, Übergangsriten <Les rites de passage>, Frankfurt/M. (Campus) 1986.

5 Zur Problematik des Zerbrechens der Ehen auch im für die Gesellschaft prototypischen evangelischen Pfarrhaus vgl. M. Josuttis/D. Stollberg (Hg.), Ehe-Bruch im Pfarrhaus, München (Kaiser) 1990.

6 J.Z.T. Pieper, Marrying in church: a rite of passage? In: J.A. van Belzen/J.M. van der Lans (Hg.), Current Issues in the Psychology of Religion, Amsterdam (Rodopi) 1986, 183-192.

7 S. o. Anm. 4, außerdem Y. Spiegel, Der Prozeß des Trauerns, 2 Bde., München (Kaiser) ^{7}1989.

8 Zum Begriff der so wichtigen »Trauerarbeit« vgl. S. Freud, Trauer und Melancholie, in: ders., Gesammelte Werke, London (Imago) 1946, X, 427-446.

9 Vgl. heute noch den Gebrauch des Baretts durch die Richter bei der Urteilsverkündung im Gerichtssaal.

Kapitel VIII

1 Das mittelalterliche Narrenfest feierte die Umkehrung aller irdischen Machtverhältnisse. Es gab dabei freilich ähnlich wie bei orgiastischen Veranstaltungen zu allen Zeiten und an allen Orten, heute etwa noch im Fasching, gelegentlich Ausschreitungen, die dem Bußernst der Reformation ein Dorn im Auge waren, so daß die Narrenfeste fast überall abgeschafft wurden (vgl. z.B. das Schembartlaufen in Nürnberg, das im Zusammenhang mit dem Nürnberger Absolutionsstreit abgeschafft wurde). H. Cox nimmt nicht nur mit dem Titel seines Buches »Das Fest der Narren« (Stuttgart 1969) auf dieses Fest Bezug, um es gerade in seiner antiideologischen Tendenz zu rehabilitieren. Cox' Buch ist eine wesentliche Voraussetzung zum Verständnis dieses evangelischen Zeremoniale.

2 Der psychologische Begriff des Schattens stammt von C.G. Jung und bedeutet alles, was aus unserem Wachbewußtsein aufgrund von Normen, Ängsten usw. ins dunkle Reich des Unbewußten abgedrängt wird oder nie ins Bewußtsein getreten ist, uns aber dennoch unausweichlich und durchaus wirksam begleitet.

3 Zu »negativen« Gefühlen und der Überwindung ihrer Verteufelung durch die Kirche vgl. jetzt auch M. Kleßmann, Ärger und Aggression in der Kirche, Göttingen (V&R) 1992; K. Winkler, Werden wie die Kinder. Christlicher Glaube und Regression, Mainz (Grünewald) 1992.

4 O.J. Mehl, aaO., 207.

5 Nach Mehl, aa0., 208.

6 Die gottesdienstliche Funktion der DiakonIn ist nicht zu verwechseln mit der Bezeichnung des bekannten kirchlichen Berufs (wie »LektorIn« hier nicht eine Verlagslektorin meint). Jedoch sind hauptberufliche DiakonInnen oft auch als LiturgInnen tätig.

7 Frei nach M.J. Hatchett, A Manual of Ceremonial for the New Prayer Book, Sewanee (University of the South, School of Theology) 1977,2ff.

Literatur

(Eine Auswahl. Weitere Hinweise in den Anmerkungen! Doppelnennungen besonders wichtiger Titel sind Absicht.)

Erneuerte Agende. Vorentwurf, Hannover/Bielefeld (Lutherisches Verlagshaus/Luther-Verlag) 1990.

Brinkel, E./Roth, G., Gottesdienst der mündigen Gemeinde. Begleitheft für die Gemeinde zur Erneuerten Agende, Berlin (Evangelische Haupt-Bibelgesellschaft) 1991.

Cornehl P., Art. Gottesdienst VIII, TRE 14/1985, 77ff.

Cox, H., Das Fest der Narren, Stuttgart (Kreuz) ³1971.

Ehrensperger, A., Gottesdienst, Visionen, Erfahrungen, Schmerzstellen, Zürich (TVZ) 1988.

Eisenhofer, L., Handbuch der katholischen Liturgik, Bd. I, Freiburg (Herder) 1941, 251-317, 353-376.

Grözinger, A., Praktische Theologie und Ästhetik, München (Kaiser) 1987.

ders., Erzählen und Handeln. Studien zu einer trinitarischen Grundlegung der Praktischen Theologie, München (Kaiser) 1989.

ders., Die Sprache des Menschen, München (Kaiser) 1991.

Guardini, R., Vom Geist der Liturgie, Freiburg (Herder) 1918 (1983).

ders., Von heiligen Zeichen, Mainz (Grünewald) 1923.

Hahne, W., De Arte Celebrandi oder Von der Kunst Gottesdienst zu feiern. Entwurf einer Fundamentalliturgik, Freiburg (Herder) 1989.

Heimbrock, H.-G., Gottesdienst: Spielraum des Lebens, Weinheim (Kok, Deutscher Studienverlag) 1993.

Herbst, W., Evangelischer Gottesdienst. Quellen zu seiner Geschichte, Göttingen (V&R) ²1992.

Herlyn, O., Theologie der Gottesdienstgestaltung, Neukirchen-Vluyn (Neukirchener) 1988.

Jetter, W., Symbol und Ritual, Göttingen (V&R) 1978.

Jörns, K.-P., Der Lebensbezug des Gottesdienstes. Studien zu sei-

nem kirchlichen und kulturellen Kontext, München (Kaiser) 1988.
Josuttis, M., Der Weg in das Leben, München (Kaiser) 1991.
Jungmann, J. A., Der Gottesdienst der Kirche, Innsbruck (Tyrolia) 1962, bes. 58-63.
Köhler, P., Evangelisches Rituale, Halle (Strien) 1889.
ders., Evangelisches Missale, Halle (Strien) 1891.
Kuhne, A. (Hg.), Die liturgischen Dienste. Liturgie als Handlung des ganzen Gottesvolkes, Paderborn (Bonifatius) 1982.
Leiturgia, Bd. I ff., Kassel (Stauda) 1954 ff.
Lutherische Liturgische Konferenz Deutschlands, Liturgische Kleidung im Evangelischen Gottesdienst, Hannover (Geschäftsstelle der LLK, Herrenhäuser Str. 12, 30419 Hannover) 1991.
Mahrenholz, Ch., Kompendium der Liturgik, Kassel (Stauda) 1963.
Martimort, A.-G., Art. Die Zeichen, in: ders. u.a. (Hg.), Handbuch der Liturgiewissenschaft, Bd. I, Freiburg (Herder) 1963, 163-194.
Martin, G.M., Fest und Alltag, Stuttgart (Kohlhammer) 1973.
Mehl, O. J., Das liturgische Verhalten. Beiträge zu einem evangelischen Zeremoniale und Rituale, Göttingen (V&R) 1927.
Möller, Chr., Gottesdienst als Gemeindeaufbau, Göttingen (V&R) 1988.
Müller, Th., Evangelischer Gottesdienst, Stuttgart (Kohlhammer) 1993.
Pieper, J., Zustimmung zur Welt. Eine Theorie des Festes, München (Kösel) 1963.
Rahner, H., Der spielende Mensch, Einsiedeln (Benziger)[2] 1952.
Reifenberg, H., Neue Schwerpunkte der Liturgie. Die Bedeutung des optischen Elementes im Gottesdienst. In: ALw 12/1970, 7-33.
ders., Geschmack gibt den Schein nur kund... Liturgisch-phänomenologische Aspekte zu Geschmack und Mahl. In: ALw 15/1973, 108-122.
ders., Das akustische Element in der Liturgie. Phänomenologischer Aufriß zu den Bauelementen und Strukturen des Wortgottesdienstes. In: ALw 17/18; 1975/1976, 145-160.
ders., Berührung als gottesdienstliches Symbol. Liturgisch-phänomenologische Aspekte des taktilen Elementes. In: ALw 27/1985, 1-34.
Ritter, K. B., Die eucharistische Feier. Die Liturgie der evange-

lischen Messe und des Predigtgottesdienstes, Kassel (Stauda) 1961.
Scharfenberg, J./Kämpfer, H., Mit Symbolen leben, Olten (Walter) 1980.
Schmidt-Lauber, H.-Chr. / Seitz, M. (Hg.), Der Gottesdienst. Grundlagen und Predigthilfen zu den liturgischen Stücken, Stuttgart (Calwer) 1992.
Schmidt-Lauber, H.-Chr., Art. Gesten/Gebärden, Liturgische, in: TRE XIII, 155.
Sequeira, A. R., Spielende Liturgie. Bewegung neben Wort und Ton im Gottesdienst am Beispiel des Vaterunsers, Freiburg (Herder) 1977.
ders., Gottesdienst als menschliche Ausdruckshandlung. In: Meyer, H. B. u.a. (Hg.), Handbuch der Liturgiewissenschaft, Bd. 3, Regensburg (Pustet) 1987, 7-39.
Spiegel, Y. (Hg.), Erinnern, Wiederholen, Durcharbeiten, Stuttgart (Kohlhammer) 1972.
ders., Der Gottesdienst unter dem Aspekt der symbolischen Interaktion, in: JLH 16/1971, Kassel (Stauda) 1972, 105-119.
Stalmann, J., Tagesordnungspunkt Gottesdienst, Hannover (Lutherhaus) [4]1989.
Thilo, H.-J., Die therapeutische Funktion des Gottesdienstes, Kassel (Stauda) 1985.
Volp, R. (Hg.), Zeichen. Semiotik in Theologie und Gottesdienst, Mainz (Grünewald) 1982.
ders., Gott feiern. Liturgik, 2 Bde., Gütersloh (G. Mohn) 1992/1993.